BIBLIOTHÈQUE
DE PHILOSOPHIE CONTEMPORAINE

L'INTELLIGENCE SYMPATHIQUE

PAR

GUDMUNDUR FINNBOGASON
Docteur en Philosophie.

TRADUIT EN COLLABORATION AVEC L'AUTEUR

PAR

ANDRÉ COURMONT
Agrégé de l'Université,
Ancien Lecteur à l'Université Reykjavik.

PARIS
LIBRAIRIE FÉLIX ALCAN
108, BOULEVARD SAINT-GERMAIN, 108

L'INTELLIGENCE SYMPATHIQUE

L'INTELLIGENCE SYMPATHIQUE

PAR

GUÐMUNDUR FINNBOGASON
Docteur en Philosophie.

TRADUIT
EN COLLABORATION AVEC L'AUTEUR

Par ANDRÉ COURMONT
Agrégé de l'Université,
Ancien Lecteur à l'Université d'Islande.

PARIS
LIBRAIRIE FÉLIX ALCAN
108, BOULEVARD SAINT-GERMAIN, 108
—
1913

Tous droits de reproduction et d'adaptation réservés
pour tous pays.

A MONSIEUR

HENRI BERGSON

EN TÉMOIGNAGE

D'ADMIRATION ET DE RECONNAISSANCE

L'INTELLIGENCE SYMPATHIQUE

I

DEUX POINTS DE VUE

Chaque être vivant a des besoins variés qu'il cherche à satisfaire. Ces besoins déterminent ses relations avec l'ambiance, pour cette raison que selon la nature des besoins varient les objets qui peuvent les satisfaire. L'affamé cherche de la nourriture, l'assoiffé, de la boisson, celui qui est transi de froid, un abri. Nourriture, boisson, abri sont des noms de genre ; ils supposent et indiquent une classification. Chaque besoin contient en germe une classification des objets de l'ambiance, parce qu'il entraîne une réaction toujours semblable sur tous les objets qui servent à sa satisfaction, sans tenir un compte exact de leurs particularités individuelles. Quelque différentes que puissent être les choses qui servent à la nourriture d'un animal, elles ont toutes ceci de commun, qu'elles provoquent chez l'animal des mouvements d'appropriation, de mastication, et de déglutition. Quelque différents que soient les objets dont les hommes se servent comme coiffure, ils ont tous cela de commun, qu'il provoquent les mouvements qui tendent à les prendre et à se les mettre sur la tête. Donc, en général : nous considérons qu'une chose est de la même espèce qu'une autre, tant qu'elle sert le même besoin, ou bien provoque la même réaction, ou encore est susceptible d'être traitée de la même manière que cette autre.

Voilà donc le besoin, la nécessité, qui, à l'origine, déterminent pour chaque être vivant sa façon de regarder le monde extérieur et de réagir sur lui. Mais, chaque objet ayant plusieurs qualités différentes, il s'ensuit qu'il peut être considéré et apprécié de plusieurs façons différentes, qui dépendent des besoins de l'être qui les considère. Un arbre dans la forêt, par exemple, sera pour une certaine espèce d'oiseau, un lieu convenable à bâtir un nid ; les animaux herbivores verront dans ses bourgeons et ses feuilles une nourriture exquise ; pour le charbonnier il représente une certaine quantité de charbon, et pour le menuisier c'est sans doute de la matière première pour ses meubles, et ainsi de suite. Mais à chacun de ces différents points de vue, répond un mode différent de réaction et de traitement vis-à-vis de l'arbre.

Parmi tous les objets du monde, l'homme est sans doute le plus riche en qualités variées. C'est pourquoi les points de vue sont innombrables d'où l'on peut le considérer et le traiter. Un boutiquier voit d'abord et principalement en son prochain le consommateur de tant de livres de viande, de beurre ou de fromage par an; un tailleur voit en lui l'acheteur et le porteur de tant de complets d'une qualité et d'une coupe déterminées; pour un directeur de théâtre, l'affaire importante est que ses frères consentent à payer une somme fixée pour assister à une représentation, et l'homme politique les considère peut-être comme autant de têtes de bétail à élection qui réagissent d'une manière déterminée sous l'effet de certains programmes ou phrases politiques. Et selon que le point de vue est celui-ci ou celui-là, la façon de traiter les hommes change.

Il est clair que lorsqu'on se place à de tels points de vue abstraits, on ne tient aucunement compte de l'individualité de l'objet pris en lui-même; ce dernier est considéré et traité uniquement comme un moyen. Celui qui dans la forêt ne voit que des fagots, ne s'intéresse pas à un arbre comme à un organisme particulier. Celui qui veut posséder la peau d'un ours ne se soucie point de quelle importance elle est pour ce dernier. Le boucher ne s'inquiète pas de savoir combien de ses clients auraient peut-être raison de se faire végétariens, et l'homme politique ne réfléchit pas au nombre de ses électeurs qui, d'après leur tempérament et leurs intérêts, seraient mieux à leur place dans le parti opposé.

Une telle attitude en face des choses pourrait s'appeler l'attitude utilitaire : les objets sont conçus, appréciés et traités, suivant le besoin qui doit être satisfait, la nécessité à laquelle il faut remédier, le but qu'il faut atteindre.

Mais n'y a-t-il pas une autre attitude en face des choses ? Est-ce que toute connaissance n'est qu'un raccourci commode menant à la réalisation des fins pratiques ? Sommes-nous condamnés pour toujours à voir les choses d'un point de vue abstrait, tantôt celui-ci, tantôt celui-là, comme des exemplaires d'une classe ou d'une autre ? Ne pourrons-nous jamais entrer en relations avec elles, sans nous préoccuper en même temps de savoir comment elles s'adapteraient au lit de Procuste de nos buts pratiques ? — Mais, au moins, la science procède-t-elle autrement ?

Certes non. La science est le point de vue abstrait dans toute son intégrité. Elle procède par concepts généraux : tout concept général exprime une classification, repose sur une abstraction de tout ce qui, dans un cas particulier ou un individu, ne se retrouve pas chez tous les spécimens de la classe. Les soi-disantes lois naturelles que la science formule, ne concernent que ce qui se répète dans notre expérience. Mais une individualité ne se répète jamais. Si nous voulons donc connaître un individu dans toute sa particularité individuelle, il faut s'y prendre d'une manière autre que celle de la science, et nous devons le voir d'un point de vue autre que celui de nos intérêts pratiques. Et, comme à chaque point de vue abstrait répond un mode de traitement déterminé ou tout au moins une tendance, de même on peut s'attendre à ce qu'une réaction d'une nature différente réponde à ce nouveau point de vue.

Mettons la différence en lumière au moyen d'un exemple : Je cherche un sergent de ville dans la rue pour savoir quel tramway je dois prendre. Je m'adresse au premier que j'aperçois. Je le considère comme un spécimen d'une classe, et les paroles que je lui adresse n'ont d'autre but que de lui faire prononcer le nom du tramway que je dois prendre pour arriver à temps à ma destination. Je ne le regarde que juste assez pour reconnaître son uniforme, je ne l'écoute que juste assez pour le comprendre. Cela fait, je m'en vais, et n'ai plus cure du sergent de ville. Il n'a été qu'un anneau d'une chaîne, un passage à autre chose.

C'était là le point de vue utilitaire. Supposons au contraire qu'en m'approchant de cet homme, je sois particulièrement frappé par l'expression de son visage et par toute son attitude. Une singulière mélancolie dans son regard a attiré mon attention. Sa voix donnait l'impression qu'il retenait ses larmes à grand'peine, tout indiquait qu'il s'efforçait de se maîtriser afin de répondre à ma question — et me voilà sur le point d'oublier sa réponse, occupé que je suis plus de l'homme lui-même dans sa particularité individuelle que de mes propres fins. Et, quand je repars, sa physionomie me revient à la pensée avec persistance, j'entends encore le timbre de sa voix, et en même temps je me sens moi-même étrangement attristé. Mes pensées tournent autour de cet homme, et, parmi elles sans doute, un désir plus ou moins clair de l'aider d'une façon ou d'une autre. Bref, j'ai reçu une impression de cet homme dans sa particularité individuelle, et j'en ai peut-être oublié totalement son uniforme.

Peut-être croit-on que l'opposition entre ces deux points de vue n'est pas si grande qu'elle paraît au premier abord. Si je regarde un homme dans la rue comme étant un agent de police, je vois alors devant moi une personne d'une certaine taille, d'une certaine allure, et je perçois ces qualités en même temps que l'uniforme qui indique la position de l'homme, sa place parmi les rouages de la société. Cette manière de voir n'est pas alors différente de celle par laquelle je commence quand je vois l'homme comme une personnalité caractéristique.

Certainement non. La différence ne réside pas dans le commencement, mais dans la suite.

Tant que je vois un objet d'un point de vue abstrait, les qualités individuelles que j'aperçois en même temps n'ont aucune importance. Mon attention ne s'y arrête pas, elles ne changent pas la direction de mes pensées, elles ne deviennent pas elles-mêmes chez moi le point de départ de nouvelles pensées, de nouvelles actions ou de nouvelles tendances à l'action. Je vois l'objet en relation avec quelque chose d'autre, comme une étape où l'on ne fait que passer.

Dans l'autre cas, les qualités individuelles viennent au premier plan. L'objet est considéré à part lui. Il devient lui-même un centre. Il déclanche chez nous des mouvements de pensée, des tendances et des actions, qui ont trait à lui-même. Il dicte notre manière de voir, de sentir et d'agir. Au lieu d'une tendance à accommoder l'objet à nous-mêmes, vient une tendance à nous accommoder à lui.

Voilà donc deux choses à considérer. D'abord, comment nous prenons connaissance de la particularité individuelle, et ensuite, quelle est la nature de la réaction que la perception de celle-ci entraîne. Nous devons étudier l'une et l'autre.

II

L'IMITATION INVOLONTAIRE
QUELQUES EXEMPLES

Prenons un exemple aussi simple que celui d'une lettre écrite : D. D'un coup d'œil nous la reconnaissons comme le symbole d'un certain son, ou, plus exactement, sa vue éveille à l'instant en nous une certaine image sonore. Nous la voyons alors d'une façon abstraite, cette lettre : tout D écrit à peu près lisiblement amènerait le même résultat, bien qu'il n'y ait certes pas au monde deux D écrits qui soient absolument identiques. Mais supposons, au contraire, que ce soit précisément la *forme* écrite de cette lettre qui attire notre attention. Nous en viendrions peut-être alors à la comparer à d'autres D écrits, ou à d'autres lettres qui contiennent des traits semblables. Nous étudierions peut-être le rôle que la qualité de la plume, de l'encre et du papier ont joué dans sa production. La forme nous en semblerait belle ou laide, etc., etc. Mais, la particularité individuelle de cette lettre écrite, voilà ce qu'il nous faut percevoir directement.

Quelque nombreuses et variées que soient les considérations auxquelles nous soumettons ce D, et de quelque façon que nous les formulions, aucune de ces formules, prises à part ou dans leur ensemble, ne sauraient transmettre à un second personnage la particularité individuelle de cette lettre. D'autres D peuvent s'en rapprocher plus ou moins, lui être approximativement identiques, mais, tant qu'il n'y a pas identité absolue, c'est l'original seul qui peut nous renseigner complètement : « Faute d'un point, Martin perdit son âne. »

Mais une observation intensive de la forme de la lettre amènera également autre chose. Comme on le peut montrer par des expériences élémentaires, elle amènera chez l'observateur une tendance aux mouvements qui servent à reproduire la forme de la lettre. De telles tendances imitatrices peuvent se décharger par des mouvements de la main, ou même du corps tout entier. Et c'est précisément en s'abandonnant à une telle imitation que la particularité de la forme viendra le plus clairement à la conscience. En pénétrant pour ainsi dire notre organisme, elle nous a communiqué son être intime. Nous ne l'avons pas seulement vue, mais aussi, d'une certaine manière, vécue.

Les choses se passeraient-elles bien différemment lorsque nous sommes en face d'une créature humaine? Là aussi, nous est donnée une forme, un certain extérieur, que nous pouvons reconnaître et classifier plus ou moins rapidement, pour passer à autre chose qui s'y rapporte d'une façon ou d'une autre, sans nous soucier de ce que cette figure est en soi et pour soi. Mais, aussitôt que l'individualité elle-même s'empare de notre attention, peut s'appliquer quelque chose de semblable à ce que nous avons remarqué sur l'observation d'une lettre écrite. Il n'existe pas au monde deux lettres écrites absolument identiques, encore moins deux hommes. C'est parce que l'écriture est une des manifestations vitales de l'homme qu'il ne s'y trouve aucune identité absolue. La vie et ce qui est de la vie, ne présente jamais la répétition absolue.

C'est donc seulement par la perception directe que nous pouvons connaître l'individualité d'un homme. Celle-ci nous est d'abord donnée dans l'extérieur. L'individualité *mentale* d'autrui, nous ne la connaissons, suivant l'opinion commune, que médiatement, à travers les manifestations corporelles. Nous y reviendrons plus tard. Mais, si l'observation attentive de la forme d'une simple lettre est capable d'éveiller une tendance à l'imiter, ne doit-on pas s'attendre à trouver une tendance imitatrice encore plus forte, lorsque nous sommes en présence de la forme qui, entre toutes, ressemble à la nôtre, la forme humaine elle-même? Si tel est le cas, il s'ensuit que des variations dans les manifestations vitales de nos semblables se transmettent plus ou moins à nous, nous contagionnent pour ainsi dire, aussitôt que nous nous donnons à leur observation. Et, l'expérience montrant que nos états mentaux changent plus ou moins simultanément avec nos états corporels, nous pouvons supposer que cette contagion s'accompagnera de changements correspondants dans notre état mental. Examinons quelques observations qui supportent cette hypothèse.

La force contagieuse du sourire et du rire est bien connue, et la plupart ont fait l'expérience de combien il est difficile de garder son sérieux lorsque l'on voit ou entend les autres rire. Les enfants sourient de très bonne heure en réponse à un sourire ; Sutherland en a trouvé ses enfants capables dès le milieu du troisième mois [1].

« Un crétin de 17 ans, observé par Betcherew, cité par Soury [2], incapable d'imiter un seul acte volontaire et de comprendre aucun geste, souriait si on souriait devant lui, et ce sourire disparaissait si on le regardait avec une mine sérieuse [3]. »

L'image d'une personne qui rit suffit à éveiller le sourire ou le rire. « Je n'ai jamais, dit Sutherland, montré à des enfants la gravure d'Ho-

---

1. Alexander Sutherland, *The Origin and Growth of the Moral Instinct*. London, 1898, vol. II, p. 297.
2. Soury, *Le système nerveux central*. Paris, 1899, p. 1353.
3. Vigouroux et Juquelier, *La Contagion mentale*. Paris, 1905, p. 45.

garth où tout un auditoire rit, sans les voir tous s'épanouir dans un gros sourire ; et une projection que j'ai et qui représente tout simplement une jeune fille riant de tout cœur, amène toujours chez les petits un grand éclat de rire, par pure et simple contagion [1]. »

La vue d'un homme somnolent qui bâille nous fait bâiller nous-mêmes [2] : « Un bon bâilleur en fait bâiller deux. » Mais ne nous imaginons pas que les hommes sont privilégiés à cet égard. On a vu des pélicans se tenir alignés et immobiles pendant des heures entières, jusqu'à ce que tout à coup l'un d'eux bâille ; alors, d'un bout de la ligne à l'autre, ils se mettent tous à bâiller à l'unisson [3].

Il est, comme on le sait, très difficile de se retenir de clignoter, si une personne, que l'on regarde dans les yeux, nous donne l'exemple [4], et nous avons tous une forte tendance à regarder du côté où d'autres regardent.

« Que quelqu'un fasse semblant de dormir » dit G. H. Meyer, « et qu'un autre, croyant qu'il dort, s'efforce de l'éveiller en le secouant, tout en le regardant attentivement, on verra que si le premier sursaute subitement et fait une gri-

1. Sutherland, Œuv. cit., vol. II, p. 297.
2. Déjà chez Aristote, Problemata, sect. VII, 6. Que l'image d'un homme qui bâille peut avoir le même effet, a été remarqué par Léonard de Vinci : Textes choisis, trad. Péladan, Paris, 1908, p. 183.
3. Sutherland, Œuv. cit., vol. II, p. 297.
4. Voir C. Lange, Bidrag til Nydelsernes Fysiologi, Copenhague, 1891, p. 99.

mace, l'autre reproduit cette grimace tout à fait involontairement[1]. »

Le même auteur croit avoir observé des imitations involontaires semblables en présence des animaux Il dit : « Lorsque des gens regardent fixement et en face un lapin, un chat, etc., que l'on remarque alors s'ils n'imitent pas tous l'expression naïve de ces animaux[2]. »

Que l'imitation ait lieu dans ce dernier cas, cela ne nous surprend guère, si nous réfléchissons que, de tous temps, les hommes ont trouvé des ressemblances physionomiques entre les hommes et les animaux, ce que montre très clairement l'histoire de la physiognomie.

Cette tendance à l'imitation involontaire ne se borne aucunement aux mines. « Tout mouvement subit, accentué » dit C. Lange[3] « est, en soi-même, contagieux ; je me surprends à reproduire involontairement les mouvements de l'homme qui me précède dans la rue et qui, tout à coup, étend les bras pour retrouver son équilibre sur le verglas ; et, en conversation avec quelqu'un qui illustre ses paroles de grandes gesticulations, il faut souvent quelque empire sur soi-même pour ne pas l'imiter. »

Je me souviens qu'il m'arriva une fois de faire un faux pas dans la rue, si bien qu'il s'en fallut

---

1. Georg Hermann Meyer, *Untersuchungen über die Physiologie der Nervenfasser*. Tübingen, 1873, p. 253.
2. Œuv. cit., p. 25.
3. Œuv. cit., p. 99.

de peu que je ne tombasse : un passant qui, au même instant, allait me croiser, reproduisit involontairement mes mouvements de sorte qu'il fut aussi près de tomber que moi ; ce qui, visiblement, l'étonna fort.

« Les badauds », dit Adam Smith, « tandis qu'ils suivent des yeux un danseur de corde, se mettent naturellement à se contorsionner et à se balancer eux-mêmes comme ils le voient faire, et comme ils sentent qu'il leur faudrait faire dans sa situation[1]. »

« J'ai entendu dire », écrit Darwin, « qu'à des concours de saut, beaucoup d'entre les spectateurs remuent les pieds en même temps que les concurrents font un saut[2]. »

Le dernier exemple cité est un des nombreux qui montrent comment l'imitation involontaire des mouvements vus n'est souvent qu'une reproduction esquissée de ceux-ci. Une telle imitation esquissée apparaît souvent clairement en face de mouvements rythmiques, comme ceux de la danse ou de soldats qui défilent. Dans de tels cas les spectateurs font souvent de petits mouvements rythmiques du pied, ou bien la tendance se réalise dans d'autres parties du corps, comme par exemple par un balancement de la tête. Lorsque des mouvements rythmiques s'ac-

---

1. Adam Smith, *The theory of moral sentiments*. London, 1853, p. 4.
2. Darwin, *The expression of the emotions in man and animals*. Popular ed. London, 1904, p. 35.

compagnent de musique, elle joue naturellement son rôle dans la production de ces mouvements imitatifs esquissés[1].

Un médecin américain déclare, dans une lettre à Darwin, qu'en exerçant ses fonctions d'accoucheur, il lui arrive quelquefois d'imiter les efforts musculaires de la patiente[2].

Nous avons également une forte tendance à imiter *l'attitude* de nos semblables, même lorsqu'elle nous est représentée par les arts plastiques. C. Lange[3] a remarqué que si l'on contemple fixement le mouvement ou l'attitude d'une statue, il peut arriver qu'on l'imite tout à fait involontairement, et la justesse de cette remarque sera sans doute confirmée par une simple observation de soi-même et des autres dans un musée d'art. Cette contemplation de l'attitude d'une statue peut créer chez nous des sensations du même genre que celles que nous ressentirions si nous avions réellement nous-mêmes pris cette attitude : c'est ce qu'illustre excellemment la remarque que me fit un jour une jeune dame, après avoir regardé quelque temps *La France couronnant l'Art et l'Industrie,* à Saint-Cloud :

---

1. Voir Vigouroux et Juquelier. *La contagion mentale.* Paris, 1905, p. 30, et Alfred Lehmann, *Overtro og Trolddom.* Copenhague, 1893, IV Del, p. 102.
2. Darwin, *Œuv. cit.,* p. 35, note.
3. *Œuv. cit.,* p. 99. Comparez encore : « Un statuaire me confiait qu'il ne pouvait s'empêcher devant le superbe bas-relief de Rude, *Le Départ,* de prendre l'allure du motif, et il illustrait son dire par sa mimique ». L. Arréat, *Art et psychologie individuelle.* (Paris, F. Alcan), 1906, p. 34.

« On se fatigue les bras à regarder cette statue. »

Cette imitation involontaire ne se borne pas, comme on sait, aux seules impressions visuelles. Les impressions auditives jouent un rôle semblable. Nous ne rions pas moins lorsque nous *entendons* un autre rire de tout cœur, que si nous le *voyons*.

Combien la toux est contagieuse, s'observe souvent dans les églises et autres endroits publics. « Un tousseur continuel », dit Montagne, « irrite mon poulmon et mon gosier[1]. »

De ceci on peut rapprocher l'observation, rapportée par Darwin[2], que, lorsque la voix d'un chanteur s'enroue subitement un peu, bien des auditeurs se mettent à toussoter. Un assez grand nombre de personnes que j'ai interrogées ont confirmé cette observation.

« Sarah Bernhardt jouait un soir à Moscou *La Dame aux Camélias*, lorsqu'au dernier acte, elle se mit à tousser, suivant le rôle, comme une phtisique parvenue à la deuxième période ; un grand nombre de personnes dans la salle furent prises d'une toux réflexe absolument caractéristique[3]. »

On peut souvent observer comment les impressions sonores contagionnent les animaux. Si

---

1. *Essais*, liv. I, ch. xx.
2. *Œuv. cit.*, p. 35.
3. Vigouroux et Juquelier, *Œuv. cit.*, p. 29.

l'un des chiens d'une couple se met à aboyer, l'autre fait de même. Qu'un canari chante et son voisin l'imitera. Le coq lance son appel aussitôt qu'il entend le plus faible cocorico dans le lointain[1].

En finissant, je mentionnerai seulement les intéressants états hypnotiques dans lesquels certains individus imitent exactement les attitudes qu'ils voient chez les autres (« l'imitation spéculaire »), et répètent les mots qu'ils entendent, exactement avec les mêmes inclinations de voix (« echolalie »).[2] La faculté d'imiter exactement semble pouvoir croître sous l'hypnose: Braid raconte qu'une jeune fille hypnotisée reproduisit une fois parfaitement quelques chants interprétés par la fameuse Jenny Lind, ce dont elle n'était aucunement capable à l'état de veille[3].

Nous avons maintenant fait les premiers pas. Nous avons vu que l'individuel se doit saisir dans une perception directe ; et ensuite, que cette perception directe amène, dans certains cas, une réaction caractéristique : *l'imitation*. Notre prochaine tâche sera d'étudier de plus près la nature et les conditions de cette dernière.

1. Voyez Sutherland, *Œuv. cit.*, vol. II, p. 297.
2. Voir P. Janet, *L'automatisme psychologique*. (Paris, F. Alcan), 1889, p. 18.
3. Albert Moll, *Hypnotisme*, 6ᵉ éd., 1906, p. 102

III

LA NATURE ET LES CONDITIONS DE L'IMITATION

La première question à laquelle il nous faut répondre est celle-ci : comment se produit cette imitation involontaire dont nous venons de donner tant d'exemples ?

La physique et la physiologie seraient-elles capables de nous fournir la réponse ? Afin d'expliquer, par exemple, pourquoi je souris en voyant un autre sourire, il faudrait alors montrer comment la lumière, réfléchie par le visage souriant, frappe mon œil et forme une image sur ma rétine, décrire ensuite ce qui se passe dans la rétine, les trajets nerveux par lesquels l'impression se propage de celle-ci jusqu'aux muscles dans la contraction desquels consiste mon sourire, rendre claire enfin la nature de ces processus nerveux et de ces contractions musculaires. De la même façon, on devrait expliquer l'action des vibrations aériennes sur l'organe auditif, et comment les processus nerveux ainsi éveillés trouvent leur chemin jusqu'aux muscles dont la coopération reproduit l'impression sonore originelle.

Malheureusement on est loin de pouvoir donner une explication aussi détaillée ; pour parler avec C. Lange : « Comment les impressions visuelles ou auditives de certains mouvements amènent précisément de tels états d'innervation que des phénomènes exactement correspondants en résultent chez l'auditeur ou le spectateur, cela est jusqu'ici, à ce qu'il me semble, tout à fait hors de notre compréhension et doit être accepté tout simplement comme un fait. »[1]

Si nous voulons alors serrer la question de plus près, cela doit se faire au moyen d'une analyse psychologique. Il nous faut nous demander à nous-même ce qui est immédiatement donné à notre conscience, à l'instant où nous sommes soumis à une telle tendance à l'imitation involontaire. Certes, il est difficile de la prendre sur le fait, au moment même où elle surgit, mais nous pouvons au moins en saisir l'écho, pour ainsi dire, et l'analyser. L'imitation volontaire, au contraire, se laisse observer et analyser assez facilement. Mais la différence entre l'imitation involontaire et volontaire me semble consister principalement en ceci que la première succède immédiatement à l'impression, tandis que l'attention se doit fixer sur l'impression avant que

---

1. *Œuv. cit.*, p. 101.

l'imitation volontaire se produise, par quoi intervient un certain espace de temps entre l'impression et la réaction. Quoique le processus semble ainsi un peu plus compliqué dans le second cas que dans le premier, il y a cependant toute raison de supposer que l'analyse de l'imitation volontaire pourra également jeter quelque lumière sur la nature de l'imitation involontaire. L'impression est bien la même dans les deux cas, et le résultat aussi, là où il y a imitation complète, qu'elle soit volontaire ou involontaire.

Considérons maintenant les cas cités d'imitation involontaire. Deux possibilités se présentent, entre lesquelles l'observation doit décider. Lorsque, par exemple, je souris en voyant un autre sourire, cela peut se produire de deux façons : ou bien je souris de la manière qui m'est naturelle, ou bien mon sourire se règle sur le sourire observé. De même, lorsque je tousse en entendant un autre tousser, ou bien j'en arrive à tousser comme cet autre, ou bien je tousse à ma manière habituelle. Bref, l'impression agit-elle dans sa particularité, ou bien n'est-elle que le signe qui déclanche une fonction? Dans ce dernier cas la fonction a bien une ressemblance générique avec celle qui a produit l'impression, mais elle est indépendante de sa particularité individuelle.

Au pied de la lettre, on aurait seulement dans le premier cas le droit de parler d'imitation. On ne dirait pas, en effet, selon l'usage de la langue, qu'un copiste imite le manuscrit qu'il reproduit, quoique la copie ait le même contenu que l'original. On parlerait d'imitation dans le cas seul où la forme même de l'écriture, les traits de plume, auraient le même caractère dans la copie que dans l'original.

Pour l'imitation volontaire, il semble clair qu'elle vise à reproduire l'impression dans sa particularité. S'il se trouve maintenant, que la seule condition de cette imitation volontaire est, dans l'état normal, que l'impression puisse agir librement sans que d'autres viennent la troubler, et si l'imitation réussit aussitôt que cette condition est réalisée, il semble extrêmement vraisemblable que dans l'imitation involontaire l'impression agit également dans sa particularité individuelle, et donc, tend à la conserver dans la reproduction. Que cette supposition soit confirmée par certains exemples, et il faudra la considérer comme prouvée.

Examinons d'un peu plus près la façon dont l'imitation volontaire se produit. Comment procédons-nous lorsque nous voulons, par exemple, prononcer un mot étranger difficile que nous entendons pour la première fois ? Nous commençons par écouter aussi bien qu'il nous est possible, concentrant l'attention sur l'impression auditive elle-même. Souvent, nous prions notre interlocuteur de nous répéter le mot, car, par la répétition, la perception s'éclaircit un peu. Quant à la clarté parfaite, ce n'est pas en entendant le mot une ou deux fois que nous y arrivons ; nous ne l'atteignons que lorsque nous sommes nous-mêmes en état de prononcer le mot correctement. Mais le souvenir qui nous reste de l'impression doit tout de même, en quelque manière, être le représentant incorruptible de cette impression elle-même ; car, lorsque nous prononçons le mot défectueusement — et c'est ce que nous faisons généralement au début — nous avons un vague sentiment de malaise qui nous avertit que nous commettons une faute[1]. Cependant la prononciation échoue rarement tout à fait. En général, nous avons prononcé une ou plusieurs syllabes correctement, et cela se fait sentir agréablement. C'est ainsi que nous analysons l'image auditive ; nous prenons note de la partie du mot que nous avons réussi à imiter, et nous la répétons volontiers à part, pour nous assurer de son harmonie complète avec le modèle. Celle-ci étant atteinte, nous tournons notre attention sur le reste du mot, essayons de le prononcer aussi bien que possible et nous rendons ainsi meilleur compte de ce qui est d'accord avec le modèle ou en diffère ; et nous persévérons ainsi jusqu'à ce que chaque syllabe ait été dégagée de l'ensemble et rendue

---

1. Cf. H. Bergson, *Matière et mémoire*, 3ᵉ éd. (Paris, F. Alcan), 1903, p 84-5.

docile. Enfin, nous avons aussi remarqué sur quelles syllabes portait l'accent, et sommes maintenant capables de prononcer le mot correctement.

Cet exemple est typique. Il en est exactement de même d'une forme vue ou d'un mouvement, comme par exemple, lorsque l'on veut reproduire la mine d'un autre ou les mouvements d'une danse. Nous concentrons l'attention sur l'impression visuelle elle-même. Nous analysons le modèle en l'imitant. La copie jette de la lumière sur l'original, car celui-ci, par contraste avec elle, se résout en ses éléments, et ces derniers une fois correctement perçus, l'imitation exacte vient pour ainsi dire d'elle-même. Chacun des éléments de l'impression (par exemple chacun des mouvements analysés d'une danse) déclanche alors immédiatement sa part de l'ensemble des mouvements nécessaires pour reproduire l'impression originelle, et, par une répétition fréquente, ces mouvements deviennent une habitude.

Cela fait, un seul ou quelques-uns des éléments de l'impression suffiront désormais à déclancher tout l'ensemble.

En se rendant compte de comment se produit une analyse quelconque, on comprendra facilement qu'une imitation, même incomplète, est plus efficace à analyser une impression que le fait de la recevoir une seconde fois. Analyser une chose, c'est tourner successivement l'attention sur chacun de ses éléments pris à part. Supposons que nous ayons à analyser une impression complexe, composée des éléments a, b, c, d. Si tous ces éléments étaient entièrement nouveaux pour nous, ils nous donneraient tous ensemble une impression globale, sans ressortir chacun en particulier[1]. Une répétition pure et simple n'y changerait rien. Qu'il nous soit au contraire donné une autre impression, en partie identique et en partie différente, par exemple, a, e, f, g, et a devient privilégié : il est comme renforcé relativement aux autres éléments, ressort et se dégage de l'ensemble. Que nous percevions un mot un peu plus clairement en l'entendant répéter, cela a bien sa raison dans une certaine addition d'excitations, mais aussi dans le fait que la prononciation n'est pas tout à fait la même la première fois que la seconde.

Nous disions qu'aussitôt que les éléments du modèle sont dégagés du tout et correctement perçus, l'imitation exacte vient comme d'elle-même. Nous sous-entendions alors, il est vrai, qu'il s'agit de quelque chose qui, à tout prendre, se peut imiter, et de plus, que l'imitateur est doué d'organes normaux et se donne librement à l'impression dans le but de la reproduire. Je ne crois pas qu'aucune autre condition soit

---

[1]. Voir William James, *The principles of psychology*. London, 1891, vol. 1, p. 502 et suiv.

nécessaire. Cette théorie semblera pourtant en désaccord avec une doctrine courante sur la production des mouvements volontaires. Dans la psychologie moderne, on voit souvent répété que l'on ne peut produire volontairement que les mouvements que l'on a, dans le passé, produits d'une manière involontaire, réflexe, accidentelle, et dont on a ainsi le souvenir, les soi-disantes images kinesthétiques. Comme le dit Ebbinghaus[1] : « *L'âme ne possède aucun pouvoir sur les mouvements du corps, sinon par l'intermédiaire des images kinesthétiques* ; les membres ne se meuvent *au commandement de l'âme* que par la reproduction de l'image kinesthétique correspondante à un certain mouvement. Les mouvements, au contraire, dont on ne sait pas comment se sent leur production, ne se peuvent pas produire en partant de l'âme, c'est-à-dire volontairement et intentionnellement. Tous les sons dont les enfants ont besoin pour le langage articulé, commencent par être produits tout à fait réflexivement et accidentellement, c'est-à-dire, par des causes corporelles qui échappent à notre connaissance[1]. »

Dans la production des mouvements volontaires, cette théorie attribue à l'impression extérieure le seul rôle d'éveiller des images kinesthétiques déjà acquises. L'enfant, par exemple,

---

[1]. Hermann Ebbinghaus, *Précis de psychologie* (traduction française Paris, F. Alcan). Représentation et mouvements, p. 150.

arrive dans ses balbutiements involontaires à dire *Papa*. L'ensemble de ces sons arrive à la conscience en même temps que les sensations kinesthétiques qui accompagnent leur prononciation. Par là se forme une association entre l'impression auditive et ces sensations kinesthétiques, de sorte que, quand le mot résonne de nouveau, sur les lèvres du père, par exemple, il rappelle chez l'enfant le souvenir des mouvements correspondants des organes de phonation, et par là ces mouvements eux-mêmes.

On peut certes expliquer de cette manière comment un mouvement *automatique* se peut déclancher, une fois que l'habitude est établie ; également, comment se produisent les habitudes accidentelles, en particulier beaucoup de tics. Au contraire, cette théorie ne peut, à ce qu'il me semble, en aucune façon expliquer comment se produisent l'imitation volontaire et les habitudes qui en résultent. Il est clair, en effet, que les images kinesthétiques ne peuvent éveiller que des mouvements identiques à ceux dont elles proviennent. Cela s'applique aux mouvements les plus simples aussi bien qu'aux plus compliqués. Le mouvement doit alors, *la première fois qu'il se produit*, être causé par autre chose que l'image kinesthétique qui en est le résultat. Mais, sa première production n'en est pas nécessairement réflexe, accidentelle. Un mouvement peut, ainsi que l'expérience le montre, être volontaire, voulu, la première fois qu'il est exécuté. Il ne faut pas nécessairement, par exemple, que celui qui imite pour la première fois le beuglement d'un bœuf, ait lui-même, une fois dans le passé, d'une façon réflexe et accidentelle, beuglé comme ce bœuf. Ainsi que l'observation de soi-même le montre, l'imitation réussit dans la même mesure que l'on se donne à l'impression même que l'on veut reproduire. Penser aux sensations kinesthétiques qu'on en a, n'aurait qu'une influence perturbatrice. Y faire attention s'opposerait en effet à la continuation des mouvements commencés, en éveillant une tendance à la répétition de la phase du mouvement que représentent les sensations kinesthétiques observées. Mais pourquoi donc chercher l'origine du mouvement autre part que là précisément où elle semble être : dans la perception intensive de l'impression même qu'il s'agit de reproduire.

La richesse des mouvements accidentels que la théorie ici critiquée doit présupposer, semble passer toutes les bornes de la vraisemblance. Il est très possible que l'enfant, avant de commencer à imiter les sons entendus du langage et à parler, ait déjà produit tous ou presque tous les sons qui se trouvent dans les langues humaines, et bien d'autres en outre[1], si l'on prend ces sons

---

[1]. Voyez Ebbinghaus, passage cité, et Preyer, *Die Seele der Kinder*, 7 Aufl. Leipzig, 1908, p. 366.

abstraitement, c'est-à-dire en tant qu'on les peut représenter approximativement par les symboles ordinaires. Mais il est tout à fait invraisemblable que les particularités de prononciation que l'enfant acquiert d'accord avec son entourage soient d'une origine également accidentelle. Il en est de même des sons de la nature que les enfants imitent quelquefois avec une facilité et une précision, dont les adultes ne sont pas toujours capables [1]. Preyer [2] mentionne une petite fille qui, dès l'âge de neuf mois, était capable de reproduire exactement toute note que l'on lui frappait sur le clavier, et l'on ne supposera guère pourtant qu'elle avait déjà auparavant produit toutes ces notes accidentellement.

Ajoutons que certains oiseaux, comme le perroquet et l'étourneau, bien qu'on ne les ait jamais soupçonnés de balbutier à la manière des enfants, sont cependant capables d'apprendre des mots et des phrases. Et les dialectes animaux qui existent [3], en même temps que d'autres faits comme, par exemple, celui qu'une mésange mise toute jeune avec les fauvettes chante comme les fauvettes [4], et que le chacal et le loup enfermés ont appris à aboyer comme

---

[1]. Voyez Clara und William Stern, *Die Kindersprache*. Leipzig, 1907, p. 273 et 326.
[2]. Œuv. cit., p. 51.
[3]. Voyez Clara et William Stern, Œuv. cit., p. 267-8.
[4]. Le Dantec, cité chez Vigouroux et Juquelier, Œuv. cit., p. 29. Toute une collection d'exemples semblables se trouve chez Romanes, *Mental evolution in animals*. London, 1883, p. 222-3.

les chiens[1], semblent bien indiquer que c'est l'impression extérieure dans sa particularité qui dirige la réaction : l'imitation.

Pour ce qui est de ces derniers exemples, aussi bien que lorsqu'il s'agit de l'acquisition du langage chez les enfants, il sera sans doute difficile de tracer la limite entre l'imitation volontaire et involontaire, et de décider ce qu'il faut inscrire au compte de l'une ou de l'autre. L'imitation involontaire joue peut-être le rôle principal dans l'acquisition du langage chez les enfants. De cette opinion est Stern[2] qui, en outre, fait remarquer comment les tendances motrices éveillées par les impressions auditives peuvent demeurer latentes pendant un certain temps pour se manifester à une occasion donnée.

L'imitation volontaire est autre chose et davantage qu'une reproduction. Une reproduction est une répétition de quelque chose qui a déjà été. Mais, chaque fois qu'on réussit, par exemple, à prononcer correctement un mot difficile, dont on ne s'était pas rendu maître jusqu'alors, il se passe quelque chose de nouveau, à savoir une nouvelle *coordination* des muscles de l'appareil de phonation, et les mouvements qui résultent de cette nouvelle coordination sont des mouvements *nouveaux*, et non pas une répétition pure et simple de mouvements anté-

---

1. Darwin, *Œuv. cit.*, p. 378.
2. *Œuv. cit.*, p. 130 et p. 256-7.

rieurs. C'est une nouvelle adaptation de l'organisme.

Il est clair qu'une telle coordination nouvelle se produit d'autant plus vite et d'autant plus parfaite que le système nerveux est plus richement et plus finement développé, que cette richesse et cette finesse soient innées ou acquises. A chaque étape, le développement antérieur sert de base au nouveau. Celui qui tient de la nature une oreille fine pour les sons du langage, ou qui, par des exercices phonétiques, se l'est acquise, rendra plus facilement un ensemble de sons que celui qui, à cet égard, est pauvrement doué ou inexercé. Un calligraphe achevé saura plus facilement et mieux reproduire une écriture caractéristique que celui qui écrit mal. Mais, dans de tels cas, l'imitateur produit quelque chose de nouveau, et ce que je prétends est tout simplement ceci, que la coordination nouvelle, exigée pour une telle imitation, se produit par la concentration de l'attention sur l'impression qu'il s'agit de rendre.

Mais, n'en serait-il pas de même de l'imitation involontaire? Ne sera-t-elle pas, elle aussi, d'autant plus parfaite que l'organisme de l'imitateur est plus finement développé dans la direction en cause? Ne s'attendra-t-on pas, par exemple, à ce qu'une écriture caractéristique éveille chez le calligraphe exercé des tendances imitatrices involontaires autrement individualisées que chez celui qui ne sait pas écrire? Oui, certes. L'imitation involontaire et volontaire peuvent insensiblement passer l'une dans l'autre sans que le résultat diffère; d'autre part, il nous arrive de sentir le sourire d'un autre se glisser involontairement sur notre visage, ce qui est la meilleure preuve que l'impression peut agir dans sa particularité, également dans le cas de l'imitation involontaire.

Mais ici, il faut faire une remarque importante. Ce que nous venons de dire ne doit pas s'entendre dans ce sens, que la particularité de l'impression revit toujours dans l'imitation, de telle façon, par exemple, que la toux éveillée par celle d'un autre est toujours une édition stéréotypée de cette dernière. Cela arrive certes approximativement dans des cas spéciaux, comme le montre l'exemple de Sarah Bernhardt à Moscou : on nous dit bien que l'accès de toux réflexe chez les spectateurs était « absolument caractéristique », ce qui s'explique précisément par leur attention tendue. Mais, dans des cas innombrables, on ne retrouvera pas la particularité de l'impression originelle dans l'imitation, ce qui pourtant ne prouve pas qu'elle n'a pas agi, cette particularité, mais simplement, qu'elle a eu le dessous dans la lutte avec un autre facteur.

L'antagonisme est souvent l'*habitude.* C'est un fait bien connu que lorsqu'on a pris une habitude, par exemple celle d'une certaine prononciation d'une langue étrangère, il est beaucoup plus difficile de la changer plus tard qu'il n'a été de la former. En effet, s'il arrive une impression qui a des éléments plus ou moins nombreux en commun avec celle qui, originellement, a éveillé la suite de mouvements devenue automatique par répétition, la tendance à reproduire cette suite l'emporte volontiers sur celles qu'éveillent les éléments différents de l'impression nouvelle. Le courant s'infléchit et tombe dans le lit creusé par l'habitude. Cependant, si ce dernier n'est pas trop profond, le nouveau courant réussit peut-être à se frayer chemin lui-même et à conserver ainsi sa direction originelle. Mais dans les deux cas, que la tendance ait réussi ou non, elle n'en a pas moins existé.

Il arrive que des tendances provenant de domaines sensitifs différents, agissent de concours. C'est ainsi que l'imitation involontaire des mines et des mouvements faciaux se trouve jouer un rôle dans l'acquisition du langage chez l'enfant, en ceci qu'il observe avec curiosité les mouvements de la bouche chez ceux qui parlent et arrive à les imiter, ce qui aide à la production des sons [1]. Ici, les centres qui innervent les appareils de phonation reçoivent simultanément des impressions de deux sens, l'œil et l'oreille, et ces impressions s'entr'aident.

---

1. Voyez Clara et W. Stern, *Œuv. cit.*, p. 128-9.

Il n'est pas alors invraisemblable que les impressions visuelles ont eu une influence sur l'origine et le développement des sons articulés. Le langage parlé et celui des gestes sont bien d'une origine commune, et l'attitude que prend involontairement le corps de celui qui parle, en face d'un objet ou d'un événement, doit avoir quelque influence sur les sons qu'il émet simultanément. Lorsqu'on indique un objet des lèvres, en les avançant, geste que Alp. R. Wallace[1] a observé chez les Malais, ou bien lorsqu'on arrondit les lèvres en observant ou en s'imaginant un objet rond, cette position des lèvres influe sur la formation simultanée des sons. Wallace, dans l'intéressant article cité, a attiré l'attention sur les gestes de la bouche comme facteur dans l'origine du langage; il a montré par beaucoup d'exemples tirés des langues cultivées aussi bien que des primitives, que les mots qui signifient l'extériorité ou la distance (outwardness or distance) sont prononcés la bouche ouverte, tandis que ceux qui se rapportent au moi ou à la proximité (selfhood or nearness) sont prononcés avec les lèvres rapprochées, et même, que les mots signifiant des objets ronds, comme *moon, ball, ring, vheel, round,* en anglais, et bien d'autres mots d'un sens semblable en d'autres langues, sont prononcés avec les lèvres plus ou moins arrondies.

---

[1]. *The expressiveness of speech, or mouthgesture as a factor in the origin of language.* The Fortnightly Review, 1895, p. 528 ff.

On pourrait, il est vrai, objecter que beaucoup de mots désignant des objets d'une autre forme que la ronde, se prononcent également les lèvres arrondies ; mais cela montre simplement que d'autres facteurs qui influent sur la production des sons, sont capables d'amener le même résultat que l'imitation involontaire supposée, sans pourtant réfuter la théorie de Wallace, qui, d'autre part, est fort vraisemblable et s'accorde bien avec beaucoup d'observations.

Que la vue d'une forme éveille une tendance imitatrice aussi bien que la vue d'un mouvement, semblerait peut-être se rapporter à ce fait, que toute forme se peut produire par le mouvement, et n'est, pour ainsi dire, que du mouvement matérialisé. On verra cependant qu'il est impossible ici d'expliquer les choses ainsi. Prétend-on, en effet, qu'ayant mille fois vu une ligne résulter d'un mouvement, par exemple celui de la plume sur le papier, nous les associons l'un à l'autre si fixement, qu'en voyant la ligne s'éveille aussitôt l'idée du mouvement qui l'a produite, et par là une tendance à ce mouvement ? J'objecte alors qu'une ligne d'une forme que je n'ai jamais vue auparavant ne peut pas être associée à l'idée du mouvement requis pour tracer précisément *cette ligne-là*. Si s'éveille, néanmoins comme je le crois, une tendance imitatrice, ce sera l'œuvre de la ligne elle-même.

Une chose digne de remarque est que notre

corps peut souvent rendre des formes vues de deux façons : soit par des mouvements esquissants, soit d'une façon mimique ou plastique. C'est ainsi que la tendance imitatrice éveillée par un visage dessiné peut se réaliser par les mouvements de tel ou tel organe. On peut suivre les lignes des yeux, les reproduire avec la main ou la pointe du pied ; et même, celui qui serait à la fois dessinateur et patineur achevé pourrait, par des mouvements coordonnés de tout son corps, tracer avec des patins sur la glace l'image à une échelle agrandie. Mais, en outre, on peut rendre l'image par la mimique, ce qui, en toute vraisemblance, se produira plus ou moins en même temps que l'on s'efforce de reproduire l'image par les autres moyens. On a fait l'observation qu'un peintre ou un sculpteur prend souvent involontairement la mine de son modèle[1], ce que bien des artistes ont confirmé que j'ai interrogés. Dans le premier cas, ce sont les différentes parties du dessin relativement indépendantes l'une de l'autre, qui successivement éveillent et dirigent les mouvements reproducteurs, tandis que dans le second, c'est l'image dans sa totalité qui agit, par les rapports réciproques de ses différentes parties et par son contraste avec l'organisme de l'imitateur.

---

[1]. Voyez Dugald Stewart, *Éléments de la philosophie de l'esprit humain*, trad. L. Peisse. (Paris, F. Alcan), t. III, p. 119.

N'est-il pas clair en effet que si je me trouve en face d'un visage de forme et d'expression exactement identiques aux miennes au moment où j'observe, cette vue ne changera rien à ma mine ; au contraire, elle tendra à la conserver — excellente explication, peut-être, du fait que la plupart des mortels trouvent leur propre réflexion dans un miroir tout à fait passable. Il en est tout autrement devant une caricature ou des traits différents des miens. J'en ai fait l'expérience nette un jour en entrant dans une boutique : j'y vis un homme au nez complètement aplati. Je me surpris à commencer une grimace imitatrice, abaissant la lèvre supérieure et bridant ainsi le bout du nez.

Il en est évidemment de même des tendances à imiter les attitudes et les mouvements d'autrui. Ce qui agit ici, c'est la position réciproque des différentes parties du corps, par son contraste avec la position de celles du corps de l'observateur. Nous avons une tendance à nous pencher avec ceux qui sont voûtés, et à nous redresser avec ceux qui sont élancés. C'est le corps de l'observateur dans sa totalité qui réagit sur l'attitude vue et tend à la copier. Nous avons vu qu'une statue agit à cet égard comme une personne vivante ; mais ne faut-il pas s'attendre à trouver la même chose par rapport aux objets inertes, dans les limites où nos attitudes les peuvent imiter ? La flèche hardie d'une cathédrale, ou le peuplier élancé, ne nous feraient-ils pas bomber la poitrine ?

Remarquons encore que la grandeur absolue d'une figure peut être telle qu'aucune tendance à l'imitation mimique ou plastique ne se fasse sentir. C'est, à savoir, lorsque l'objet est si grand que son individualité ne se peut pas percevoir d'un seul coup, ou si petit que les rapports réciproques de ses parties sont indistincts. C'est ainsi que Dessaix[1] rapporte que lorsqu'on entre dans le port de New-York et qu'on voit la statue de la Liberté, « die Einfühlung[2] » est impossible tant que la statue est si éloignée qu'elle est petite et indistincte, pas davantage lorsqu'elle est si près que sa grandeur écrase, mais bien à une certaine distance. Selon certains auteurs, cette « Einfühlung » est basée sur une tendance imitatrice. Dessaix appelle également l'attention sur ce fait, que l' « Einfühlung » aussi bien que la jouissance artistique sont impossibles dans le cas de figures minuscules. Cela semble indiquer que c'est l'*impression visuelle de la totalité* qui éveille des tendances à l'imitation plastique. Une conception pure et simple ne suffit pas, il faut une perception directe. Il en est de même en ce qui

---

1. *Ästhetik und allgemeine Kunstwissenschaft*. Stuttgart, 1906, p. 149.
2. Je ne peux pas ici entrer dans les différentes théories allemandes de l' « Einfühlung », ni les comparer entre elles et avec les opinions soutenues dans ce livre. M. Geiger donne un bon aperçu et une liste bibliographique : *Uber das Wesen und die Bedeutung der Einfühlung* dans *Bericht über den IV. Kongress für experimentelle Psychologie* Leipzig, 1911.

concerne les impressions auditives. Un rythme qui est, soit trop précipité, soit trop lent, ou encore trop compliqué pour être perçu directement, n'éveille aucune tendance imitatrice.

Nous venons de voir comment les impressions visuelles de forme et de mouvement et les impressions auditives peuvent, sous certaines conditions, être reproduites immédiatement par notre organisme, et l'on peut se demander alors, si ces impressions sont privilégiées à cet égard, ou bien si quelque chose de semblable s'applique aux autres impressions. Une réflexion rapide montrera que cela est complètement exclu dans le cas des impressions de goût, d'odeur et de température ; également, dans celui des impressions de couleur. Nous ne pouvons pas directement rendre par la réaction propre de notre corps les couleurs que nous voyons. Nous ne devenons pas jaunes ou verts, etc., en voyant ces couleurs — quoique certains animaux semblent capables d'un tel mimétisme. Mais nous pouvons rendre une pression donnée, ce dont toute poignée de main est un exemple. Ce côté de la question n'aurait pourtant que peu d'intérêt pour nos recherches.

Jusqu'ici nous avons constamment parlé d'impressions extérieures et des tendances à les reproduire qui semblent y être directement liées. Mais il faut ajouter que le souvenir de ces impressions agit de la même façon qu'elles-mêmes.

Une mine remémorée éveille les mêmes tendances imitatrices que la mine elle-même ; le souvenir d'une inclination de voix caractéristique innerve nos appareils de phonation de la même façon que l'impression auditive elle-même. Dans bien des cas, il est même impossible de faire une distinction précise entre la partie du mouvement commencé qui provient de l'impression, et celle que le souvenir y ajoute, car l'une et l'autre agissent ensemble. Quand il s'agit d'imitation volontaire, c'est le plus souvent le souvenir qui dirige les mouvements reproducteurs. C'est bien seulement après qu'un autre a prononcé un mot qu'on essaye de le répéter. Les yeux du peintre vont du modèle à la toile ; c'est le souvenir de la forme vue qui dirige sa main. Celui qui apprend à danser regarde d'abord les mouvements de son professeur et cherche ensuite à les reproduire : le souvenir des mouvements vus guide ses jambes.

En est-il autrement des créations de notre imagination ? Le peintre qui transfère ses fantaisies sur la toile, est, par rapport à elles, dans la même situation qu'à l'égard de ses souvenirs lorsqu'il travaille de mémoire. Dans les deux cas, c'est l'image intérieure qui innerve sa main.

Ainsi, l'organisme humain est apparemment en action réciproque avec deux mondes. D'un côté, le monde extérieur, source de toutes les excitations qui, *du dehors,* envahissent l'organisme, et, par leur influence sur le système nerveux, amènent des réactions. De l'autre côté, le monde du souvenir et de l'imagination que tout individu porte en lui, et qui semble, lui aussi, influencer le système nerveux et par là déterminer les états et les réactions de l'organisme.

Ces deux mondes peuvent agir simultanément sur l'organisme, et ainsi, ou bien se disputer le pouvoir, ou bien travailler de concert. Ce dernier cas se présente lorsque les images qui sont présentes à l'esprit éveillent les mêmes tendances que les impressions qui viennent du monde extérieur. L'assoiffé qui, en imagination, boit à longs traits, ne sera pas long à exécuter les mouvements auxquels il pense, s'il trouve de l'eau.

Une mine souriante appelle en général un sourire chez celui qui la voit. Ce dernier peut être pourtant obsédé par le visage de son ami mourant, et certes, il ne sourira pas alors. Les traits angoissés qu'il voit par la pensée, ont plus d'empire sur lui. Mais la vue du sourire lui est pénible, car les tendances qu'elle éveille sont en lutte avec celles qui dominent pour le moment.

Quand nous disons que les idées aussi bien que les impressions extérieures *agissent* sur l'organisme, dirigent ses mouvements, etc., il ne faut pas y voir une *théorie* des rapports entre l'âme et le corps. Par *action* nous entendons tout simplement ici la connexion, prouvée par l'expérience, entre les idées d'un côté, et les réactions du corps de l'autre, connexion que l'on est bien obligé d'admettre. Quant à savoir sur quoi elle repose en dernière instance, c'est une question à part. Mais, indépendamment de la façon dont on y répond, on peut prendre ces faits comme ils sont et voir s'ils ne sauraient pas nous aider à en analyser certains autres. C'est ce que nous nous proposons d'étudier.

Beaucoup trouveront peut-être exagéré de soutenir, comme nous le faisons, que toute impression, directement reproduisible par notre organisme, l'idée aussi de cette impression, éveillent des tendances à une telle reproduction. On objectera vraisemblablement que l'observation de soi-même ne supporte pas cette assertion, sauf dans des cas bien spéciaux ; on dira qu'il n'est pas justifié de présupposer toujours de telles tendances, puisque, bien souvent, elles ne se font sentir, ni à la conscience, ni par des mouvements extérieurs.

Je réponds qu'une faculté d'introspection pénétrante n'est aucunement donnée à tous. Ce n'est peut-être que le plus petit nombre qui prennent note des nuances dont il s'agit ici, et qui se rendent compte de leurs propres expériences à cet égard. J'ai eu souvent l'occasion de le constater : beaucoup de ceux chez qui je cherchais des renseignements sur ces questions, entre autres plusieurs artistes, ont dû réfléchir quelque temps avant de reconnaître, p. ex., qu'ils avaient eu l'expérience d'une tendance à l'imitation mimique des traits ou des mines qu'ils observaient. Et alors, il leur arrivait de se ressouvenir de tel et tel cas montrant bien qu'ils avaient été, pour un instant, frappés de ces phénomènes sans pourtant leur accorder une plus longue attention. Pour d'autres, c'était un fait journalier qui leur paraissait à peine digne de remarque ; certains encore déclaraient ne s'être jamais aperçus d'une telle chose, et n'y avoir d'ailleurs jamais pensé.

En outre, comme nous l'avons vu, ces tendances imitatrices ne se manifestent clairement au dehors qu'à la condition que l'impression ou l'idée puisse agir sans contrainte. De plus, l'impression se réduit souvent bien vite à n'être que le symbole rapidement compris qui nous fait passer à autre chose ; c'est pourquoi la tendance imitatrice que l'impression en soi est capable d'éveiller nous échappe facilement, devenant d'autant plus faible que l'on s'arrête moins longtemps sur l'impression, et finissant ainsi pratiquement par disparaître.

On a également remarqué que l'éducation[1] tend à refréner nos tendances imitatrices, et,

---

[1]. Carl Lange, *Œuv. cit.*, p. 98 ; L. Dugas, *L'imagination*. Paris, 1903, p. 94.

en effet, elles se manifestent plus fortement chez les enfants que chez les adultes[1]. Il semble en être de même chez les peuples primitifs : « Hugstrem a trouvé parmi les Lapons des individus qui imitaient tous les mouvements et les mines de ceux avec qui ils parlaient »[2]. Il y a des hystériques qui, pendant leurs attaques, reproduisent des sons qui les ont une fois frappés, ou bien prennent des attitudes qu'ils ont vues sur un tableau[3]. Il est clair que, dans ces cas, les idées qui surgissent éveillent l'imitation sans aucune contrainte.

Si l'expérience semble ainsi confirmer que toute impression ou idée reproduisible directement par notre organisme éveille une tendance imitatrice, laquelle se manifeste d'autant plus clairement que l'impression ou l'idée ont plus forte prise sur la conscience, il reste encore à savoir comment se comportent les autres fonctions du corps à l'égard des mouvements ainsi commencés. C'est l'observation de soi-même qui nous fournira la réponse. Que l'on essaye, par exemple, d'imiter une voix éplorée en même temps que les yeux brillent de joie et que tous les mouvements sont légers et élastiques, ou d'avoir le regard hautain tandis que la bouche sourit

---

1. Vigouroux et Juquelier, *Œuv. cit.*, p. 26; Wundt, *Völkerpsychologie*, I, p. 127.

2. *American Journal of Psychology*, vol. IX, p. 465. V. aussi Romanes, *Œuv. cit.*, p. 225, et Grosse, *Die Anfänge der Kunst*. Freiburg, 1904, p. 214.

3. V. Pierre Janet, La suggestion chez les hystériques. *Archives de neurologie*, t. XXIV, 1892, p. 450.

aimablement, ou encore de prendre une mine farouche sans qu'aucun muscle se raidisse — certes, bien peu en seront capables. La voix éplorée s'accompagne involontairement d'un certain regard et d'une certaine façon de se mouvoir, le regard hautain, d'une certaine expression de la bouche incompatible avec un sourire aimable, la mine farouche, d'une innervation des muscles volontaires, etc., etc. En d'autres mots : au même degré que l'on réussit à reproduire une mine, une attitude, une inflexion de voix données, l'apparence et l'état du corps tout entier se transforment d'une certaine façon, variant suivant le point de départ du changement, telle une étoffe qui prend des plis différents d'après le point où on la saisit pour la soulever. Cela apparaît le mieux chez les personnes en état de catalepsie complète. « Il suffit de leur lever les sourcils pour qu'ils restent comme on les a mis et qu'ils amènent dans tout le corps l'attitude de la terreur »[1]. On peut donc dire que toute impression reproduisible directement commence un remodelage de notre organisme ; elle a sa prise caractéristique sur tout le système organique, amène un changement qui se règle sur elle. La voix enrouée que j'entends m'annonce, en réalité, un commencement d'enrouement chez moi-même. C'est pour

---

[1]. V. Pierre Janet, *L'automatisme psychologique*. (Paris, F. Alcan), 1889, p. 19.

quoi l'on toussote quand le chanteur s'enroue.

La ressemblance qu'on observe quelquefois chez des époux qui ont vécu longtemps ensemble[1] n'est qu'un des exemples innombrables montrant comment, petit à petit, les impressions nous remodèlent lorsqu'elles ont libre jeu.

« *Man wird das, was man sieht !*[2] s'écrie Holopherne qui se perd dans la contemplation de la belle Judith. Mais ce n'est pas seulement le beau qui peut avoir cette puissance transformatrice sur le spectateur. Son contraire en est aussi capable, comme l'expriment bien les paroles de Prométhée à la vue des Furies :

> *Whilst I behold such execrable shapes*
> *Methinks I grow like what I contemplate*
> *And laugh and stare in loathsome sympathy*[3].

Egalement caractéristiques sont les paroles de Gœthe à Eckermann à propos des moutons du peintre animaliste Roos : « *La peur me prend toujours quand je vois ces bêtes. Leur état borné, sourd, rêveur, et béant me gagne par sympathie ; on a peur de devenir une bête, et l'on croirait presque que l'artiste lui-même en était une*[4]. »

On trouverait encore un parallèle chez Saint

---

1. Cf. Ch. Féré, *Sensation et mouvement*, 2ᵉ éd., (Paris, F. Alcan), 1900, p. 17. Dugald Stewart, Œuv. cit., vol. III, sect. IV. Georg Hermann Meyer, Œuv. cit., p. 254. Bechterew, *Die Bedeutung der Suggestion im sozialen Leben*. Wiesbaden, 1905, p. 36.
2. « On devient ce qu'on voit », Friedrich Hebbel. *Judith*, IV, Aufzug.
3. Shelley, *Prometheus unbound*, act. I, sc. 1.
4. Eckermann, *Gespräche mit Gœthe* (26/2 1824).

Paul, Cor 2. 3. 18 : « *Ainsi nous tous qui, à visage découvert, reflétons la gloire du Seigneur, nous nous transformons en la même image, de gloire en gloire, par l'effet du Seigneur qui est esprit*[1]. »

1. Nous traduisons le texte grec d'accord avec Wilhelm Bousset, *Die Schriften der Neue Testaments* Herausgegeben von Johannes Weiss, Göttingen, 1908, II, p. 177.

IV

IMITATION ET SUGGESTION

Selon ce qui précède, nous parlerons à l'avenir d'imitation dans tous les cas où des impressions visuelles ou auditives, ou encore les idées de celles-ci, agissent sur l'organisme, dans leur particularité individuelle, de telle façon que ce dernier les rend ou tend plus ou moins à les rendre. Ici, il faut insister sur ce fait que l'imitation semble être directement éveillée et *dirigée* par l'impression ou l'idée elles-mêmes. Jusqu'à quel point le fondement physiologique de l'imitation, dans un cas donné, est inné ou acquis, c'est ce qu'il est difficile de décider; mais lorsque, par exemple, l'enfant sourit parce qu'il voit un autre sourire, je ne crois pas que cette réaction se puisse expliquer par l'expérience personnelle de l'enfant. D'abord, l'impression visuelle du sourire se montre de très bonne heure capable d'appeler cette réaction, et d'un autre côté, je crois avoir montré que c'est dans sa particularité individuelle qu'agit l'impression, et il faudrait alors que l'enfant ait acquis l'expérience de tous les sourires possibles. Aucun enfant qui n'a pas encore compris le sens du mot « sourire », ne sourira si on lui dit: « souris! » Mais cela pourra bien arriver aussitôt que l'expérience lui aura enseigné à associer ces sons avec l'idée du sourire. Le son peut alors déclancher la réaction, mais il ne la *dirige* pas, et il n'y a aucune ressemblance entre ce qui a déclanché la réaction et la réaction elle-même. Ce double criterium, que l'impression (ou l'idée) dirige la réaction et que celle-ci ressemble à l'impression (ou à l'idée), est pourtant nécessaire pour que l'on puisse parler d'imitation. Inversement, nous parlerons d'imitation partout où nous trouverons ce double criterium. C'est ainsi que nous nous permettrons de dire d'un peintre qui transfère les créations de sa fantaisie sur la toile, que sa main imite les formes imaginées, non moins que les traits qu'il voit sur le visage florissant d'un de ses clients dont il fait le portrait.

Nous verrons plus clairement à quoi sert notre délimitation du concept imitation, après avoir considéré certains cas qu'il ne faut pas confondre avec ceux que nous avons présentés comme exemples d'imitation. Je vise les cas dans lesquels la vue d'un autre dans un certain état ou situation provoque chez le spectateur des sensations douloureuses semblables à celles qu'il éprouverait lui-même dans les mêmes circonstances.

Voyons quelques-uns des exemples les plus caractéristiques :

Adam Smith[1] remarque : « Quand nous voyons un coup préparé et sur le point de tomber sur la jambe ou le bras d'une autre personne, nous nous resserrons involontairement et retirons notre propre jambe ou notre propre bras ; et quand enfin le coup tombe, nous le sentons en quelque sorte, et en souffrons comme celui qui l'a reçu..... Les personnes aux fibres délicates et d'une faible constitution se plaignent, qu'en regardant les plaies et les ulcères que les mendiants exposent dans la rue, elles ressentent souvent une démangeaison ou sensation désagréable dans les parties correspondantes de leur propre corps... Les hommes les plus robustement bâtis remarquent qu'en regardant des yeux malades ils sentent souvent une peine très sensible dans les leurs propres. »

Malebranche avait déjà fait presque les mêmes remarques, et en outre tenté une explication physiologique intéressante ; il rapporte le cas suivant : « Un homme d'âge, qui demeure chez une de mes sœurs, étant malade, une jeune servante de la maison tenait la chandelle comme on le saignait au pied. Quand elle lui vit donner le coup de lancette, elle fut saisie d'une telle appréhension, qu'elle sentit trois ou quatre

---

1. Œuv. cit., p. 4-5.

jours ensuite une douleur si vive au même endroit du pied qu'elle fut obligée de garder le lit pendant ce temps[1]. »

« Un étudiant en droit, assistant pour la première fois à l'opération chirurgicale qui consistait à enlever un petite tumeur dans l'oreille, ressentit lui-même à ce moment dans l'oreille une douleur si vive qu'il y porta involontairement la main et se mit à crier.[2] »

Georg Hermann Meyer parle d'un homme qui, en entrant dans sa maison, écrasa, à sa grande horreur, le doigt d'un de ses petits enfants dans la porte. Dans l'instant il ressentit dans le doigt correspondant une douleur violente qui dura trois jours[3].

Bechterew cite le cas connu dans la littérature médicale, d'une dame qui, en refermant sa porte, eut le malheur de couper plusieurs doigts à l'un de ses enfants, et qui, par la suite, perdit petit à petit les mêmes doigts[4].

Encore un autre exemple, d'une nature plus complexe : « Le Dr Swift rapporte l'observation d'une femme enceinte et presque à terme qui, ayant été fort émue de voir qu'un de ses enfants avait le pouce écrasé, aurait donné bientôt naissance à un autre enfant dont l'ongle du même

---

1. Malebranche, *Recherche de la Vérité*, livre II, partie, 1, 2.
2. Vigouroux et Juquelier, Œuv. cit., p. 41. Voir deux autres exemples à la même page.
3. Œuv. cit., p. 233. Cf. William James, Œuv. cit., vol. II, p. 66.
4. Œuv. cit., p. 46.

doigt était noir; trois semaines après l'accouchement, les ongles des pouces des deux enfants tombaient à vingt-quatre heures de distance[1]. »

Sans doute des cas aussi marqués sont bien rares, mais il est d'un grand intérêt de les analyser, car ce ne sont là vraisemblablement que des exemples frappants de quelque chose dont on peut souvent faire l'expérience, à un plus faible degré, dans la vie journalière.

Pouvons-nous dans de tels cas parler d'imitation? Y a-t-il, à leur origine, une imitation involontaire de formes, de mouvements ou de sons? Certes non. On sentirait la même tendance à retirer la jambe en voyant un coup dirigé à la jambe d'un autre, bien que ce dernier restât tout à fait immobile; et l'étudiant qui ressentit une douleur si vive en voyant enlever la tumeur de l'oreille d'un autre, aurait certainement eu la même sensation, que le patient ait été chloroformé ou non.

Imaginons-nous, pour rendre le cas plus clair, que les excitations dont il s'agit sont dirigées contre le spectateur lui-même. Il voit un coup prêt à tomber sur sa main, un scalpel sur le point de pénétrer dans son oreille, ou un ulcère qui s'approche de sa joue. Involontairement, il retirera la main ou détournera la tête pour éviter le contact, et en raison de l'idée vive qu'il se

---

[1]. Féré, Œuv. cit., p. 101

fait des sensations désagréables auxquelles il s'attend, il les éprouvera, ces sensations, en quelque manière, avant que le coup, le scalpel ou l'ulcère n'aient touché son corps. « Le patient craintif », dit Lotze, « croit sentir le scalpel quand celui-ci est encore à une certaine distance [1] ». Et un chirurgien bien connu qui traite de l'effet et de l'imagination dans de grandes opérations, dit : « Selon mon expérience, la douleur psychique est d'une importance tout autrement grande que la douleur physique [2]. » Il est clair que les sensations douloureuses, présentées avant l'excitation elle-même, sont causées par la suggestion. Elles se localisent à l'endroit où l'excitation vise, et sont mystérieuses au même degré qu'une suggestion quelconque, ni plus ni moins.

Or, dans les cas que nous avons rapportés, le spectateur réagit de la même façon, bien que les excitations visent autrui, et ce qu'il semble falloir expliquer, c'est pourquoi il ne se distingue pas de l'autre. Dire qu'il « s'identifie » avec cet autre ou « se met à sa place » ne serait qu'une façon de parler. Rien, certes, dans sa conscience, ne répond à de telles expressions. Il ne croirait jamais *être* l'autre; pas plus qu'il ne croit être à sa place. La réalité est qu'il s'oublie pour un

---

[1]. Lotze, *Medicinische Psychologie*, Leipzig, 1852, p. 509.
[2]. Oscar Bloch, *Om Indskrænkning i Anvendelse af Inhalationsanæstesi*. Nordiskt medicinskt Arkiv, 1899, n. 33, p. 21.

instant, parce qu'il est tout à fait absorbé dans la perception de l'autre dans la situation donnée. Aussitôt qu'il ressent sa propre douleur, il revient à lui. Il se comporte et sent, il est vrai, *comme* s'il était à la place de l'autre, mais c'est tout autre chose.

Ce qu'on semble avoir le droit de conclure de tels cas, c'est que l'idée d'une excitation donnée sur une certaine partie du corps est liée aux mêmes processus nerveux, que ce corps soit le nôtre propre ou celui d'autrui, pourvu que cette idée soit souveraine dans la conscience. Ce qu'on raconte des stigmates que l'on aurait constaté chez certains religieux qui se sont intensivement absorbés dans la Passion du Christ, tend dans la même direction[1].

La différence entre ces cas et ceux que j'ai attribués à l'imitation, devrait être claire maintenant. Celui qui retire la jambe pour éviter un coup de bâton, n'imite pas dans son mouvement celui du bâton. Si le mouvement de sa jambe prenait la même forme que celui du bâton, ce serait une pure coïncidence. Et quand on retire la jambe en voyant un coup prêt à tomber sur celle d'un autre, ce dernier restant encore immobile, il ne peut pas davantage être question d'imitation. La dame citée par Bechterew, dont

---

[1]. Voir p. ex. Otto Stoll, *Suggestion und Hypnotismus in der Völkerpsychologie*. Zweit. Auf. Leipzig, 1904, XIX Kap. Albert Moll, *Hypnotism*, 6 éd., 1906, p. 133. Fr.-W.-H. Myers, *Human Personality*. London, 1904, vol. I, p. 188, 492, 5, 497.

les doigts moururent petit à petit, les aurait certes également perdus même si elle n'avait pas vu les doigts de son enfant *sortir* de cet étau fatal. Ce sur quoi elle réagit, c'est l'idée de l'excitation et des sensations pénibles qui en résultent. Or il n'y a là aucune ressemblance entre l'impression et la réaction. Si les stigmates dont il s'agissait tout à l'heure sont authentiques et non pas causés par une excitation extérieure, je serais disposé à croire que les stigmatisés les ont produits en concentrant leur attention sur les parties du corps correspondantes, et en s'imaginant les sensations que les plaies désirées leur donneraient. Mais entre ces sensations imaginées et les blessures qu'elles finiraient par créer, on ne peut guère dire qu'il y ait quelque ressemblance. Ainsi nous ne pouvons pas davantage en de tels cas parler d'imitation, tandis que tout le monde semble d'accord pour les ranger parmi les phénomènes de suggestion.

V

INTELLIGENCE
DE L'EXPRESSION DES SENTIMENTS

Nous retournons à notre premier point de départ. Nous prétendions qu'il y avait deux manières de connaître une chose : on pouvait la considérer soit abstraitement, soit dans sa particularité individuelle. Nous disions que l'individualité n'était donnée que dans une perception directe. Nous avons aussi trouvé que, dans quelques cas particuliers, cette perception entraîne une tendance à imiter l'objet directement perçu, et nous nous sommes appliqué à étudier comment cette tendance se manifeste quand nous sommes en présence d'une autre personne, absorbés dans la considération de son extérieur, de sa mine, de ses gestes, attitudes, inflexions de voix, etc. Mais ces recherches ne servaient qu'à préparer la solution de plusieurs autres questions dont nous allons maintenant traiter, à savoir : comment apprenons-nous à connaître l'individualité mentale des autres hommes à travers leur extérieur ? Que signifie la compréhension de l'expression d'une physionomie, d'un geste, d'un timbre de voix, etc. ? Comment ces choses-là acquièrent-elles un contenu mental, que nous croyons connaître si bien dans sa ressemblance ou dans sa dissemblance d'avec le nôtre propre ? Comment un sourire peut-il par exemple nous manifester la joie, ou une inflexion de voix le chagrin ou la colère ? Cette connaissance ou compréhension de l'extérieur d'un autre est-elle acquise au moyen de l'expérience et des conclusions qu'on en tire, ou bien est-elle donnée au premier abord, vaguement sans doute, en même temps que la perception de cet extérieur ? de manière que l'enfant comprendrait d'une certaine façon le sourire de sa mère, dès qu'il est capable de percevoir son visage souriant ?

Il est clair que de telles questions ne concernent pas les raisons qui nous font penser que nous avons le droit de *conclure* qu'il y a une vie mentale en dehors de nous, indépendante de nous. Dans un portrait, dans une esquisse consistant en quelques coups de crayon, dans les visages que l'on découvre, quelquefois en fixant un pan de rochers ou un vieux mur, nous trouvons une âme individuelle, un contenu mental, non moins que dans les visages de ceux qui sont autour de nous, bien que personne ne s'imagine que derrière ces images se meuve une âme vivante. L'explication de « l'intelligence » dont il s'agit doit être la même dans les deux cas, pour cette raison que le contenu mental que nous découpons dans l'expression est lié pour nous à celle-ci d'une manière identique, soit que nous regardions un homme vivant ou son portrait.

Il faut donc tout d'abord bien s'entendre sur le sens de cette « intelligence ».

Un sourire ou un regard courroucé, par exemple, peuvent signifier certaines espèces d'actions qui, dans notre expérience, les accompagnent, amicales ou hostiles. Que, dans un tel cas, la compréhension découle de l'expérience, cela ne fait pas le moindre doute. L'enfant, lorsqu'il voit sa mère sourire pour la première fois, ne peut pas avoir la moindre idée de ce qu'elle va faire, ni de ce à quoi il doit s'attendre de la part de son père lorsque celui-ci jette sur lui un regard de colère, s'il n'a jamais vu rien de pareil. Mais, par des expériences répétées, il s'est formé une association entre le sourire et les actions amicales, aussi bien qu'entre le regard de colère et les actions hostiles. C'est de la même manière que le chien arrive à comprendre les regards et les gestes de son maître. Mais, cette compréhension de l'expression d'un autre est exactement de la même espèce que celle que l'enfant acquiert petit à petit en se rendant compte des relations qui existent entre les objets et les événements du monde extérieur. Le sourire devient le signe d'une caresse à venir, d'un baiser ou d'un bonbon ; et le regard de colère, d'une claque, exactement comme la vue du feu vient à éveiller l'idée de chaleur, ou la vue de la fumée l'idée du feu ; et jusqu'à présent il est aussi peu question de la perception d'un état d'âme, dans un cas que dans l'autre.

Pour élucider davantage cette question, analysons un raisonnement que Fechner[1] a exposé autrefois. Il fait raisonner de la manière suivante un défenseur de la théorie que la connaissance de l'âme des autres hommes par leurs gestes découle uniquement de l'expérience : si l'on élevait un enfant depuis son plus jeune âge d'une façon telle qu'on lui sourirait toujours en le frappant, et qu'on le regarderait d'un air courroucé en lui donnant de la nourriture ou en le caressant, le sens de la mine souriante ou courroucée serait pour l'enfant l'inverse de ce qu'il est pour nous ; de plus, tant que l'enfant n'aurait pas eu l'occasion de comparer ses propres jeux de physionomie avec ceux des autres, il croirait sourire lui-même en jetant des regards de colère, et avoir l'air fâché en souriant ; et ce serait avec la plus grande stupéfaction qu'il arriverait enfin à voir dans un miroir le contraste entre lui-même et les autres.

Admettons d'abord qu'il soit probable que le sourire et le regard de colère prennent petit à

---

1. *Vorschule der Ästhetik*, Leipzig, 1897, I th., p. 154 et suiv.

petit le sens indiqué. Le sourire viendrait à signifier une claque, et le regard de colère quelque chose de bon. S'il arrivait au commencement que l'enfant pleurât en voyant le visage courroucé, et sourît en réponse au sourire, cela aurait vite fait de changer, par l'expérience de ce qui viendrait ensuite. L'attente de quelque chose de bon vaincrait vite le regard de colère malgré qu'il fût désagréable en soi. Tout le monde sait par expérience que les gens qui font peur aux enfants dès l'abord deviennent vite de bons amis à l'aide d'un bonbon ou d'autres choses semblables. D'une façon analogue l'attente d'une gifle l'emporterait bientôt sur la tendance naturelle de l'enfant à répondre au sourire par le sourire.

Mais il ne s'ensuit pas du tout nécessairement que cela doive avoir aucune influence sur la perception, chez l'enfant, de ses propres jeux de physionomie. L'enfant est-il joyeux, il sourit. Ce sourire, il ne le perçoit dès l'abord que par ses sensations musculaires. Qu'il se voie dans le miroir au moment où il sourit, et l'image visuelle de son sourire s'associera par des expériences répétées aux sensations musculaires du sourire, et, à chacune de ces deux impressions, se rattachera un sentiment de joie. L'enfant est-il maintenant joyeux et voit-il le visage courroucé qui éveille en lui l'attente d'une caresse, d'un bonbon, etc., il n'en devient que plus joyeux. Voit-il au contraire la mine souriante, l'idée d'une gifle s'éveille alors, et l'enfant devient triste. Mais que l'image visuelle d'un sourire *étranger* signifie autre chose que celle de son propre sourire, que l'une signifie une gifle, et l'autre un état d'âme agréable — il n'y a point en cela de contradiction.

Peut-être croit-on que la vue chez un autre d'un jeu de physionomie dont l'enfant a déjà fait l'expérience sur lui-même, éveillera chez ce dernier l'idée de cette expression, puis, l'expression elle-même, et enfin l'état d'âme correspondant. Cela peut certainement se passer ainsi. Mais si l'expression aperçue est liée en raison d'expériences multiples à l'idée d'une chose agréable ou désagréable, cette dernière association d'idée l'emportera probablement sur l'autre. Et quoique l'enfant, en regardant un autre, vienne à penser à l'expression correspondante chez lui-même et ressente ainsi l'état d'âme qu'elle exprime, il n'est pas du tout certain qu'il croie prendre par là connaissance de l'état d'âme de l'autre personne.

Voilà comment il se fait qu'un jeu de physionomie, un geste, un son, etc., peuvent venir à signifier une chose ou un événement quelconques auxquels ils se montrent généralement liés dans l'expérience. Le langage, celui des gestes aussi bien que celui des sons, est sans doute la manifestation la plus palpable de ce fait. L'enfant apprend à comprendre les mots en les entendant, en même temps que son attention se fixe sur les choses, les actions et les événements que ces mots signifient. Et c'est de la même manière qu'un cri de terreur ou une mine effrayée viennent à signifier toutes les choses et tous les événements à l'apparition desquels une telle mine ou un tel cri se produisent habituellement. Tout cela ne sert qu'à illustrer l'association qui s'établit entre des impressions qui, dans l'expérience, se montrent liées les unes aux autres. De même que l'on s'attend au tonnerre lorsque l'on voit l'éclair, ou de même qu'en raison d'une baisse barométrique on s'attend à un changement de temps, ainsi un jeu de physionomie ou une inflexion de voix devient le signe de certaines actions imminentes ou de la présence de certains objets, le signe de quelque chose d'extérieur au signe lui-même ; et l'on dit que l'on comprend le signe, lorsqu'on sait ce qu'il annonce ou indique. C'est ce qu'on pourrait appeler le sens objectif d'un signe. Pris en soi, celui-ci ne nous donne aucune connaissance d'un état d'âme chez un autre ; nous pouvons donc demander, par exemple, comment un cri de frayeur peut nous indiquer non seulement la présence d'objets ou d'événements épouvantables, mais aussi, un état d'âme chez celui qui le pousse, à savoir l'état que nous appelons frayeur ; comment il se fait qu'un sourire peut nous annoncer non seulement l'imminence d'une chose ou d'une action agréable, mais aussi un état d'âme chez ceux qui sourient, à savoir, la joie.

Je ne puis ici parler que pour moi-même, mais j'imagine qu'il en est de même des autres : *j'entends* l'effroi d'un autre dans son cri d'effroi, je *vois* sa joie dans son sourire. Tandis que toutes les autres choses qu'indique l'expression lui sont extérieures, le contenu mental, au contraire, est donné dès l'abord et directement avec l'expression elle-même, inséparable de celle-ci, sauf par l'analyse psychologique. Dans l'expérience immédiate, l'expression et son contenu mental sont tout autrement intimement liés que ne le sont l'expression et son sens objectif. La même phrase ou le même mot peuvent éveiller la même *idée*, quelle que soit l'intonation avec laquelle ils sont prononcés. Mais, indépendamment de ce sens objectif ou *contenu intellectuel* du mot, l'intonation peut rendre sensible un état d'âme chez celui qui parle. On peut prononcer un nom avec mélancolie, avec allégresse, avec tendresse, animosité ou ironie — bref, dans le ton même peuvent être rendus manifestes un sentiment ou une attitude quelconques. Mais la perception qu'on en a est directement liée à la perception de l'impression auditive elle-même, et aussitôt que cette dernière change, elle acquiert pour l'auditeur un contenu mental différent. S'il y avait un homme qui indiquât toujours sa joie par une mine courroucée ou un ton maussade, on peut s'imaginer que son entourage finirait par *conclure* : « Il doit être joyeux tout de même, en dépit de cette manière bizarre de manifester sa joie » ; mais jamais on ne viendrait à une perception directe de sa joie, jamais on ne l'*entendrait* dans ses accents moroses, ni ne la *verrait*, sur sa mine courroucée. D'un autre côté, comme chacun sait, il arrive qu'un mot s'emploie dans un sens nouveau, et qu'on saisisse bientôt ce dernier aussi facilement et aussi naturellement que celui que le mot possédait avant.

Il est vrai qu'il existe des gestes qui ont des sens différents chez différentes nations. C'est ainsi qu'on raconte que, lorsqu'un Arabe moderne veut affirmer quelque chose, il secoue la tête[1], tandis que ce geste a chez nous un sens négatif. Il va sans dire qu'un Européen habitant l'Arabie, non seulement comprendrait vite ce geste dans son sens arabe, mais arriverait aussi facilement à s'en servir lui-même d'une façon semblable. Mais cela montre simplement que ce geste n'est pas universel, mais conventionnel, et que son contenu mental est, en soi, si peu marqué, qu'il peut entrer comme élément d'un état d'âme quelconque.

Ce que nous venons d'exposer n'est pas ébranlé

---

1. Wundt, *Völkerpsychologie*, 1, Leipzig, 1900, p. 175. Cf. Darwin, Œuv. cit., p. 280.

par le fait que le contenu mental d'une expression peut souvent passer inaperçu, parce que l'attention est dirigée vers le sens objectif de l'expression. On peut comprendre un mot sans remarquer le moins du monde, s'il est prononcé d'une voix aiguë ou grave, forte ou faible ou avec tel ou tel timbre, et même, sans se rendre compte s'il est en français ou en quelque autre langue. Mais pour percevoir l'âme du mot, il est nécessaire de prêter l'oreille et d'enregistrer l'impression auditive. Il est vrai qu'il peut arriver que la même impression auditive soit différemment interprétée suivant l'état d'âme de l'auditeur; que, par exemple, le triste découvre une autre contenu mental dans une intonation que le joyeux. Mais cela n'est qu'un exemple de l'interprétation fausse d'une impression, comme il s'en trouve pour tous les genres de sensations.

Peut-être semble-t-il paradoxal de dire que l'on *entend* l'état d'âme d'un autre dans sa voix, ou qu'on le voit sur son visage; mais, en analysant et en décrivant notre expérience, nous ferons bien de la prendre telle qu'elle est, et de l'exposer aussi simplement que possible. On est tellement accoutumé à parler de l'âme comme si elle se cachait toujours d'une façon mystérieuse derrière la surface des choses, et ne pouvait par suite jamais être observée directement! Mais bien que théoriquement on place toujours ainsi l'âme sous le boisseau du corps, cela ne change rien aux données immédiates de l'expérience, selon lesquelles on parle de « visages joyeux » ou de « voix ironiques ». De telles expressions ne sont pas le moins du monde des obscurités linguistiques ; elles expriment justement les données immédiates de l'expérience d'une façon aussi directe que possible. Où trouverais-je la joie d'un autre sinon dans son visage souriant ? Où localiserais-je son ironie sinon dans son intonation ? Ce n'est pas comme si la voix me venait d'un certain point de l'espace, et l'ironie d'un autre. L'ironie occupe pour moi exactement le même point de l'espace que le son, que l'on dit être son expression. Si j'entends la voix dans l'obscurité et la localise faussement, j'en fais de même pour l'ironie. Si la voix est enregistrée au moyen d'un phonographe et fait le tour du monde sur des disques, l'ironie la suit. Il en est exactement de même pour une expression de physionomie. L'état d'âme qu'elle manifeste en est inséparable et peut voyager jusqu'au bout du monde sur des photographies et être projeté par des cinématographes. A quoi serviraient sans cela ces inventions modernes ?

Ces états d'âme, que nous apprenons à connaître de cette façon, sont pour nous les états d'âme *des autres,* pour la raison bien simple qu'ils sont liés à des expressions que nous percevons comme appartenant à d'autres que nous-mêmes. Cette distinction entre nous-mêmes et les autres ne dépend pas de la position dans l'espace. Celui qui a le plaisir de faire connaissance avec son double se sent un avec lui, quoique ce dernier marche à quelques pas de lui dans la rue, et quelque chose de semblable se passe quand on se voit soi-même en rêve. Nous saluerons notre voix dans le phonographe et l'état d'âme qu'elle exprime comme les nôtres propres, en dépit qu'ils nous viennent du dehors. Inversement, celui qui reproduit la voix d'un autre ou l'expression de son visage, ne les sentira pas comme siennes, pas plus que l'état d'âme qui y est contenu. La différence entre « je » et « tu », « le mien » et le « le tien », est avant tout une différence de qualité.

Il ne devrait pas être nécessaire de souligner que la distinction dont il s'agit se perçoit dans une seule et même conscience. La connaissance de soi-même et celle des autres ont lieu, si je puis m'exprimer ainsi, sur le même plan. On ne se peut connaître soi-même qu'en devenant pour soi-même objet. Quand nous distinguons entre nous-mêmes et les autres, quand nous nous comparons à eux et constatons les ressemblances et les différences, ce que nous comparons est contenu dans notre propre conscience. Je regarde, par exemple, l'image de moi-même et d'un autre dans un miroir. La perception de ces deux images visuelles se fait de la même manière qu'au cas où je regarderais les images réfléchies de deux personnes étrangères. Comment en est-il de la connaissance des états d'âmes? Supposons que nous sommes tous deux joyeux et rions aux éclats. Je verrai la joie dans mon visage et l'entendrai dans mon rire. Mais, en même temps, je la sentirai pour ainsi dire pénétrer tout mon organisme; j'aurai la sensation particulière de mon état général, où les différentes sensations de l'activité respiratoire, circulatoire et musculaire apparaîtront plus ou moins clairement, comme les rides multiples d'une vague.

Tant que je ris pour moi-même, sans penser à l'autre, je ris de ma façon propre, et je sens l'état, que je reconnais de toutes ces manières différentes, comme étant ma propre joie.

Mais, que je m'oublie moi-même, et ce qui éveilla ma gaieté pour un instant; que je me donne à la contemplation de l'autre, dont je vois la joie dans le visage riant, tandis que je l'entends dans ses éclats de rire : sa joie me semblera alors aussi différente de la mienne propre, que son expression est différente de la mienne, et, en même temps, je sentirai que l'état tout entier dans lequel j'entrerai est sensiblement différent de celui où j'étais quand j'étais joyeux à ma propre façon. La joie de l'autre consistera tout d'abord pour moi à rire de la façon qui lui est propre, à lui, et ainsi à vivre en moi-même cette modification particulière de l'état organique, qui accompagne nécessairement un rire tel que *celui-là*. Darwin[1] raconte qu'il entendit un enfant de moins de quatre ans, qui, interrogé sur ce que signifiait l'expression « être de bonne humeur », répondit : « C'est quand on rit, bavarde et s'embrasse », et il ajoute qu'il serait difficile de donner une définition plus juste et plus pratique. Il a en cela certainement raison. Mais on peut aussi dire que chaque façon spéciale de rire, de bavarder, et de s'embrasser est liée à une nuance particulière de bonne humeur, et que la connaissance *parfaite* de cette nuance sera le partage de celui qui pourrait lui-même rire, bavarder et embrasser de la manière dont il s'agit. En d'autres mots, il semble que nous comprenions l'état d'âme des autres au même degré que nous réussissons volontairement ou involontairement à imiter leur manière d'être.

On peut remarquer ici que, de même qu'il peut y avoir, ainsi que nous l'avons vu, tous les degrés possibles d'imitation de l'expression des autres depuis la plus faible velléité d'innervation jusqu'à l'imitation parfaite, de même, il y aura tous les degrés possibles dans la *profondeur* de notre compréhension de leur état d'âme. La compréhension peut être *juste* bien qu'elle soit superficielle et fugitive. On peut d'un coup d'œil voir un état d'âme sur un visage, et le recon-

---

1. Œuv. cit., p. 219.

naître exactement, sans lui donner le temps de se développer et d'atteindre le fond de notre conscience. Il ne fait qu'effleurer notre âme, mais d'après cet effleurement fugitif nous devinons tout son développement, nous savons où il mène, sans faire le chemin jusqu'au bout ; c'est comme une note, dans le pianissimo de laquelle nous devinons le passage au fortissimo. Mais, plus l'impression a le loisir de s'emparer de notre organisme, plus la compréhension est *profonde*.

Et maintenant nous pouvons nous poser la question suivante : d'où provient, après tout, ce contenu mental, que nous croyons voir dans le visage des autres et entendre dans leur voix? Lorsque nous disions tout à l'heure qu'on le perçoit sans intermédiaire dans l'expression elle-même, cela n'indiquait évidemment rien au sujet des processus dont découle cette perception du mental. Nous n'avons fait que décrire l'expérience immédiate. Cependant, on ne supposera pas facilement que le contenu mental que l'on trouve dans une expression de physionomie ou dans une inflexion de voix, soit lié à l'impression extérieure comme le ton de couleur à l'amplitude des ondes lumineuses, ou la hauteur d'un son au nombre des vibrations. Il n'est pas non plus nécessaire qu'il en soit ainsi pour que nous puissions voir et entendre un état d'âme dans son expression. Souvent, nous croyons bien être capables de *voir* sur un objet, s'il est doux au toucher ou rugueux, léger ou bien lourd, chaud ou bien froid, quoique nous ayons appris à l'origine, comme tout le monde sait, à connaître ces qualités des choses par des sens autres que celui de la vision. Cela provient de l'expérience. Nous avons souvent, en même temps que certaines impressions visuelles, reçu des sensations de douceur ou de rugosité, de légèreté ou de lourdeur, de chaud ou de froid, de la part de l'objet vu. De cette façon il s'est formé une association si forte entre l'impression visuelle en question et certaines sensations d'une origine différente, que chaque fois que celle-ci se présente de nouveau, les autres retentissent aussi. D'une façon semblable, on comprendrait que le mental que nous voyons dans une expression de physionomie, puisse provenir de la région des autres sens, quoiqu'il semble indissolublement lié à l'impression visuelle. Et de même pour les impressions auditives. Que l'on localise le contenu mental dans l'expression elle-même, qu'on le voie ou l'entende à distance, ce n'est alors ni plus ni moins incompréhensible que le fait, par exemple, que l'on voit de loin la rugosité, bien que l'on ne puisse la sentir par le toucher que lorsque l'objet est en contact avec notre corps.

La seule chose nécessaire semble donc être que l'excitation visuelle ou auditive non seulement nous donne certaines sensations visuelles ou auditives, mais encore mette notre organisme dans un état particulier que nous percevons lié à l'impression extérieure. Mais cela est précisément ce qui se passe.

Nous avons vu que l'observation d'une expression de physionomie ou d'une inflexion de voix, etc., entraîne avec elle une tendance plus ou moins forte à l'imitation, et que plus celle-ci a la faculté de s'exercer sans entraves, plus pénétrante devient la modification spéciale de notre état organique, qui s'ensuit. Mais pourquoi chercher l'origine du contenu mental de l'expression ailleurs que justement dans cet état ? Il me semble aussi que l'observation de soi-même est peut-être capable de nous renseigner ici suffisamment. Si nous retirons notre attention d'un visage qui nous a intéressé, pour la porter sur nous-mêmes, il se peut que nous trouvions que l'expression observée s'est emparée de notre propre visage et que nous sentions nous pénétrer à notre tour le sentiment que nous croyions avoir observé chez l'autre. Il est vrai que l'on a rarement le loisir de faire cette observation pendant que l'on est en présence des autres dans la vie journalière. Mais le souvenir peut ici rendre le même service. Il arrive souvent, surtout le soir, quand l'attention se détend et que les pensées s'éparpillent sur les confins du sommeil, qu'une expression de physionomie, qui s'élève tout à coup dans ma mémoire, gagne furtivement mon visage, par quoi tout mon être vibre d'un sentiment que je reconnais immédiatement pour le contenu mental propre de cette expression. Cela peut être un sourire, — plus lumineux, plus noble, plus imprégné d'âme, que celui que j'oserais appeler le mien, tout au moins bien différent de lui, — et je m'en sens comme ennobli. Ou bien c'était un pli de la bouche qui remplit mon âme d'une tristesse profonde, d'une morne mélancolie. Dans de tels cas, j'ai l'impression que la personne dont il s'agit vit en moi, emprunte pour un instant mon organisme et l'accorde à sa manière propre. Est-il étonnant qu'il résonne d'une façon inusitée ? — Cette manière d'être et de sentir contraste précisément avec la mienne, celle qui se présente d'elle-même, lorsque je suis joyeux ou triste pour mon propre compte[1].

Or, cette façon apparemment directe de vivre la vie d'un autre n'est nullement en désaccord avec ce que nous savons d'autre part du domaine de la vie de l'âme. On peut quelquefois être

---

[1]. Depuis que j'ai écrit ces lignes, j'ai remarqué une ressemblance frappante entre ma description de ma propre expérience et l'exposition que donne Flournoy de l'état mental de son fameux médium Mlle Hélène Smith, dans le cas où elle retient sa conscience en même temps qu'elle sent tout son organisme comme pénétré par Léopold, son esprit protecteur. Que l'on remarque que cet état commence par une vision fugitive de Léopold. Flournoy écrit : « Hélène m'a plus d'une fois raconté qu'elle avait eu l'impression de *devenir* ou d'être momentanément Léopold. Cela lui arrive surtout la nuit ou le matin au réveil; elle a d'abord la vision fugitive de son protecteur, puis il lui semble qu'il passe peu à peu en elle, elle le sent pour ainsi dire envahir et pénétrer toute sa masse organique, comme s'il devenait elle, ou elle lui. » Flournoy, *Des Indes à la planète Mars*, 3ᵉ éd., Paris, 1900, p. 117.

orienté d'une façon semblable vers certaines phrases de son propre être ou de son propre passé. Chaque homme a une manière d'être qui lui est propre, plus ou moins différente de celle des autres. Elle nous semble si naturelle et compréhensible parce qu'elle provient d'une croissance continuelle, où chaque changement est si petit que le nouveau s'ajoute d'une manière facile et naturelle à ce qui a précédé. Néanmoins les changements peuvent être parfois si soudains et si pénétrants que l'on a peine à les accepter comme siens ou à se reconnaître soi-même. On devient étranger à soi-même et l'on demande avec Gœthe :

> Herz, mein Herz, wass soll das geben?
> Was bedränget dich so sehr?
> Welch ein fremdes, neues Leben!
> Ich erkenne dich nicht mehr.

Un homme qui s'éveillerait avec une voix, un rythme de mouvement et de paroles, des jeux de physionomie tout autres que ceux qu'il avait en s'endormant, mais qui du reste conserverait la mémoire, serait certes étranger à lui-même. Peut-être se sentirait-il comme « possédé » d'un autre, parce que les sensations qu'il aurait de sa manière d'être et d'agir contrasteraient si fortement avec tous les souvenirs qu'il aurait de lui-même. Cependant, « *qui est l'autre ?* », il ne peut le savoir, et c'est pourquoi son étonnement, et peut-être sa frayeur, iraient en augmentant. S'il pouvait au contraire s'assurer que tout ce changement provenait d'une imitation involontaire d'une personne qu'il connaîtrait, je crois alors que son état ne serait qu'un exemple extrême de l'expérience que j'ai cherché à décrire.

Il semble donc que l'abîme entre l'extérieur et l'intérieur, entre l'expression et son contenu mental ne soit pas aussi infranchissable dans la vie directe, qu'on le croit en théorie ; et c'est bien ici, ou jamais, que s'appliquent les mots profonds de Gœthe :

> Nichts ist drinnen, nichts ist draussen ;
> Denn was innen, das ist aussen.

VI

L'AUTHENTICITÉ DE L'EXPRESSION

Comme nous l'avons remarqué, il est difficile de savoir si ce que l'on voit ou entend dans l'expression des autres, se trouve réellement dans leur âme. Un phonographe ou une photographie ne ressentent certainement rien. Néanmoins, nous pouvons trouver un contenu mental aussi bien dans les inflexions de voix que nous donne le phonographe, que dans l'expression d'un portrait. Et, de la même manière, il peut arriver qu'on trouve dans l'expression d'une personne vivante une disposition d'âme qui n'est pas en réalité la sienne. D'habitude, cependant, on obéit à cette impression immédiate dans la manière de traiter la personne en question ; on a confiance en sa bonne mine jusqu'à ce que l'on soit forcé, pour d'autres raisons, de changer d'opinion. Mais, les expériences qui montrent qu'une personne a un autre caractère que celui qui se lit sur son visage, n'altèrent pas l'impression immédiate provenant de l'expression, pas plus que, en raison de notre savoir astronomique, nous ne cessons de voir le soleil se lever et se coucher, ou sentons le moins du monde la rotation de la terre, — ce qui semble indiquer que nous avons à faire ici à la sensation et non pas à la connaissance indirecte. Il y a eu de tous temps des personnes à qui l'on s'est fié maintes fois en dépit de leurs actions et en raison de leur mine. Il n'est pas nécessaire que cela provienne toujours d'un manque d'observation du côté de l'entourage. Il existe certainement des personnes douées d'une âme si variable que, dans un instant donné, elles peuvent être complètement dominées par un sentiment qui obtient ainsi son expression parfaite, et qui, néanmoins, au moment suivant a cédé la place à un autre, entraînant une manière d'agir tout à fait opposée. Chez les enfants et les êtres primitifs, cela n'est aucunement rare. Ce que l'on a vu dans l'expression avait bien lieu alors dans la conscience de l'autre, mais « où sont les neiges d'antan ? » Qu'elles aient fondu si vite, n'annule aucune des qualités qu'elles avaient tant qu'elles ont duré.

Cependant, chez des personnes cultivées, une telle oscillation entre deux états d'âmes opposés se produira rarement sans indices préalables. On ne devient pas tout à coup autre, mais ce qui est en embuscade au fond de l'âme perce avant d'arriver au pouvoir, car il y a d'abord lutte avec l'état précédent.

Dans de tels cas, l'œil pénétrant trouvera

quelque chose de louche dans l'expression qui nous fait hésiter et nous met sur nos gardes.

On peut quelquefois entrevoir la mine qu'une personne voudrait avoir, et constater le désaccord entre cette dernière et le visage réel dont cette personne cherche à se délivrer. Un tel « air du Dimanche » peut ou bien provenir de l'imitation d'un modèle admiré, ou encore être une édition idéalisée du visage ordinaire, obtenue par des stations répétées devant le miroir et immortalisée peut-être, dans un moment heureux, par un photographe adroit. Mais quoi qu'il en soit, on a souvent l'impression nette de la dualité entre l'expression naturelle de la personne et celle qu'elle cherche à prendre, comme si c'était un masque transparent[1].

Cela proviendrait-il de la fugacité de l'expression, en ceci qu'elle commence à s'évanouir devant la naturelle aussitôt que l'on s'oublie ? Je ne le crois pas, car on peut avoir la même impression devant un portrait d'où tout changement d'expression est pourtant exclu. La réalité c'est que l'expression n'est pas frappée au coin de l'unité, qu'elle manque de cette harmonie entre tous les traits qui est nécessaire pour qu'on la ressente comme authentique. Supposons que l'expression des yeux attire d'abord notre attention, nous commençons involontairement à l'imiter. Mais, une

---

1. Cf. l'expression islandaise qui décrit l'hésitation : « pad renna á hann tvær grímur » — « Deux masques lui glissent (sur le visage). »

expression déterminée dans les yeux et autour d'eux, entraîne, si elle a libre jeu, une modification déterminée de tous les autres traits du visage. C'est un terme dans un système qui commence automatiquement à s'intégrer, aussitôt qu'un terme quelconque est donné. Que l'on regarde alors l'expression de la bouche, les mêmes observations s'appliquent ; cette expression aussi tend à donner à tout le visage une expression déterminée. Que l'expression observée autour de la bouche soit autre que celle que l'expression des yeux amènerait d'elle-même, ou inversement, on remarque alors le contraste, en ceci que les deux systèmes ne peuvent se réaliser à la fois, et ainsi interfèrent.

Cela ne veut nullement dire que nous puissions toujours nous rendre compte en quoi consiste la désharmonie. Nous pouvons nous croire tout à fait sûrs de l'interprétation d'une expression, sans être à même de l'analyser ou de la décrire en détail[1] — encore un fait qui tend à prouver que l'intelligence de l'expression d'autrui dépend en premier lieu d'une réaction involontaire de notre organisme qui répond souvent à des nuances de l'impression plus subtiles que celles que notre conscience claire est à même d'analyser et de classifier.

1. Voir là-dessus : Darwin, Œuv. cit., p. 381-2. P. Souriau, La perception des faits psychiques. L'Année psychologique, 19, p. 56. Moll, Œuv. cit., p. 181. W. B. Pillsbury, L'Attention, Paris, 1906, p. 135-6.

De même que les traits individuels du visage doivent s'harmoniser l'un avec l'autre pour que l'expression nous semble authentique, ainsi la mine doit s'harmoniser avec la voix et l'attitude tout entière de la personne, au moment donné ; autrement, on a l'impression de quelque chose de divisé contre soi-même, de contrefait, de faux enfin, comme si la voix était celle de Jacob et les mains celles d'Esaü.

Dans cette harmonie, ou désharmonie, nous avons donc le criterium de l'authenticité ou de la fausseté d'une expression. Nous reconnaissons comme authentique ou vraie toute manifestation vitale qui, chez l'individu, s'harmonise au moment donné avec toutes les autres. Mais « harmonie » est un concept vague et nous devons donc expliquer ce que nous entendons par là dans le cas présent.

A vrai dire, l'explication découle de ce que nous avons déjà dit. Notre organisme est un tout dont les organes différents réagissent l'un sur l'autre. La fonction de chaque organe a, par conséquent, une influence directe ou indirecte sur le fonctionnement de tous les autres, en même temps qu'elle est influencée par eux d'une façon réciproque. Quand l'organisme est occupé d'une seule chose à la fois, d'une seule fonction, de façon que toutes les autres se subordonnent à elle, il reçoit alors un caractère d'harmonie. On dit de l'auditeur attentif qu'il est « tout oreilles » — excellente façon d'exprimer que l'attitude de l'organisme tout entier est déterminée par cette fonction unique : entendre. Mais de la même façon une fonction quelconque peut devenir, en un moment donné, dominante et déterminer toutes les autres. Et tant que tout est subordonné à une seule chose, que l'énergie de l'organisme tout entier est pour ainsi dire concentrée sur un seul point, son action est harmonique. Même l'effort à son plus haut degré, celui d'un Sisyphe qui roule la pierre, d'un Samson qui fait tourner la meule, a un caractère d'harmonie, tant qu'il agit librement dans une seule direction. Aussitôt, au contraire, que l'organisme a en même temps à répondre à plusieurs sollicitations qui chacune demandent un fonctionnement différent du même organe, son action devient désharmonique.

Mais, comme nous l'avons expliqué, notre organisme est en action réciproque, non seulement avec le monde extérieur, mais aussi avec le monde intérieur, le monde des idées. Un fonctionnement désharmonique peut donc avoir son origine en ceci que les impressions extérieures agissent sur l'organisme d'une autre manière que les idées qui sont en même temps en pleine conscience ; c'est comme lorsque l'œil tombe sur un visage contorsionné de douleur, au moment même où l'on sourit à la pensée de quelque chose d'amusant, ou lorsqu'on cherche à ne pas retirer la main piquée ou brûlée. On ne peut pas en même temps sourire et imiter le visage contorsionné de douleur, ou bien laisser la main en place, et la retirer ainsi que la sensation douloureuse y incite. C'est une épreuve de force entre des idées et des impressions extérieures, et aussitôt que l'une de ces tendances opposées remporte une victoire complète et noie l'autre, l'expression et l'attitude prennent un caractère d'harmonie.

De la même manière, des impressions extérieures peuvent se disputer l'empire sur l'organisme, et enfin, la lutte peut avoir lieu entre les idées qui sont en pleine conscience. Celui qui ment, par exemple, a en même temps dans la conscience deux chaînes d'idées, l'une qui pour lui est vraie, l'autre qui y est opposée, à savoir, le mensonge. S'il se trahit, cela peut provenir de ce que la vérité l'entraîne pour un instant, de telle façon qu'il se contredit, mais cela arrivera aussi souvent par ce fait que la conscience de l'enchaînement véritable acquiert une telle influence sur sa manière d'être que le mensonge qu'il profère sonne faux. La vérité l'étouffe. Aussitôt qu'il peut seulement oublier l'enchaînement véritable et se donner tout entier au mensonge, ses paroles ne manquent pas d'être suffisamment marquées au coin de la vérité.

Lorsqu'on regarde ouvertement à droite ou à gauche, on tourne la tête en même temps. Qui veut regarder de côté sans être remarqué, ne remue pas la tête, tandis que ses prunelles glissent vers le coin de l'œil. Mais cette séparation de mouvements qui généralement vont ensemble est précisément ce qui donne à ce coup d'œil un caractère louche [1].

Ainsi, nous trouvons qu'une mine, un geste, une attitude ou une action sont authentiques, lorsque la réaction de l'organisme tout entier est déterminée par une seule impression, une seule chose, une seule idée. L'authentique est d'un seul morceau.

C'est seulement lorsque tout l'organisme peut ainsi répondre à une seule question à la fois, que sa réponse n'est pas équivoque, et, dans toute réaction ainsi produite d'un seul jet, on a l'expression exacte de ce que valent pour l'individu au moment donné, l'impression, la chose ou l'idée dont il s'agit.

---

1. Spencer, *Principes de psychologie* (Paris, F. Alcan). II, *Langage des émotions*, p. 562. Darwin, *Œuv. cit.*, p. 275. Hersing, *Der Ausdruck des Auges*, Stuttgart, 1880, p. 38.

VII

PERCEPTION ET RÉACTION

Jusqu'à présent nous avons traité de la perception immédiate d'une individualité à travers son extérieur, de la réaction instantanée de notre organisme sur certaines manifestations de vie chez autrui, et enfin, de la compréhension qui s'ensuit, sans nous occuper de savoir où cette dernière mène, ni comment elle coopère avec le reste de notre connaissance. Nous avons expliqué comment une personnalité, par sa manière d'être et de s'extérioriser, nous peut transformer nous-mêmes, dans le cas où nous la considérons détachée de la connexion avec le reste de la réalité, comme un portrait bien encadré sur le mur, ou une mélodie qui résonne à travers le silence. Et nous pouvons maintenant formuler le résultat de nos recherches précédentes en disant que nous comprenons les autres en devenant comme eux, et que nous devenons comme eux en les imitant. Nous sommes comme des instruments qui, sous l'influence de la musique des autres instruments, vibrent à l'unisson, et cette résonance en nous est notre « compréhension » des autres.

Cet écho instantané de l'être d'autrui produit des effets, de deux manières. D'un côté, il détermine notre façon de sentir et d'agir envers la personne en question, et de l'autre, le seul qui nous intéresse ici, il détermine la façon dont nous nous représentons le rapport d'autrui à la situation donnée. Et c'est par quoi notre compréhension de la réaction d'autrui acquiert un contenu objectif. Tant que nous sommes absorbés par un cri d'angoisse, un sourire, ou un geste pris à part, nous ne savons nullement encore à quoi ces expressions se rapportent. Nous avons la réaction, mais non pas son objet, nous voyons la joie ou entendons l'angoisse, mais non pas ce qui réjouit ou tourmente. Or, il est clair que pour l'intelligence la plus complète d'un autre, les deux données sont indispensables : sa réaction et l'objet de cette dernière ; et cet objet, non pas comme une généralité abstraite, mais exactement comme il apparaît à l'autre, parce qu'à une réaction donnée sur un objet, répond une perception particulière de celui-ci. La question est donc de savoir comment, au moyen de la réaction d'un autre sur un objet ou une situation, on peut arriver à les voir à sa façon.

D'abord, une remarque. On dit parfois que l'on comprend un autre en se plaçant ou en s'imaginant dans sa situation. Mais il devrait être clair que l'on ne peut se rendre compte par là que de la façon dont on sentirait, penserait, agirait *soi-même* dans la situation donnée; on ne peut en aucune façon savoir ainsi comment des autres, qu'on ne connaît pas, réagiraient sur elle. Quand je m'assieds à une table dans un restaurant et lis le menu et le programme du concert qui s'y donne, je sais bien vite les mets que je choisirai et quels morceaux je me fais d'avance un plaisir d'entendre. Mais je ne pourrai dire sans des dons prophétiques, comment un inconnu qui vient d'entrer réagira, sur le même menu et le même programme. Cependant, si je fais attention aux plats que le nouveau venu choisit et à la façon dont il mange, si j'examine sa physionomie et son attitude tandis qu'il écoute la musique, je pourrai non seulement par là connaître sa particularité individuelle dans sa ressemblance ou son opposition avec la mienne mais, de plus, j'aurai déjà des données pour voir la situation avec ses yeux. A travers la réaction d'un autre sur une impression, un objet, ou une situation, la route conduit à sa perception de ces derniers. Il n'est pas d'autre voie.

Il est évident que la réponse à la question de savoir comment on arrive, à travers la réaction d'un autre, à sa manière de percevoir, demande que le rapport entre la perception et la réaction soit éclairci. Nous devons chercher à gagner cette clarté au moyen du peu de ressources qui sont à notre disposition.

Nous avons dit que notre organisme est apparemment en relations réciproques avec deux mondes, d'un côté, le monde ambiant, de l'autre celui des idées, et que ces deux mondes peuvent influencer simultanément notre organisme et ainsi, ou bien coopérer, ou bien se disputer le pouvoir. Nous avons voulu seulement exprimer par là, ce sur quoi tout le monde est d'accord : qu'il dépend de nous, soit de nous mettre en communication avec le monde extérieur, lui ouvrir nos sens, en recevoir des impressions, soit encore de nous en détourner et de nous enfoncer dans nos souvenirs et nos imaginations. D'où vient ce monde coloré, odorant et sonore, qui se découvre à nous dès que nous ouvrons nos sens ? où étaient nos souvenirs et les images de notre fantaisie avant de se présenter à notre conscience, ou bien comment tout cela a-t-il fait pour exister, alors que c'était loin des yeux et loin du cœur ? — ce sont là des questions auxquelles nous ne pouvons pas répondre. Nous pouvons seulement constater qu'à un moment donné, ces choses sont là, et que leur présence devant notre conscience altère notre état d'une certaine façon. Ce changement d'état peut s'extérioriser dans une attitude modifiée, dans des mouvements marqués ou des actions, ou tout simplement dans une modification des fonctions organiques, respiration, circulation, sécrétion glandulaire, etc., ou bien encore dans toutes ces choses à la fois ;

mais, dans chaque cas, nous sentons que cette modification est notre réaction propre, distincte des impressions et idées qui l'ont provoquée. Chaque impression et chaque idée qui vient en pleine conscience a pour effet que l'état organique commence à se modifier. Physiologiquement parlant : soit qu'un processus nerveux ait sa source dans une excitation de nos organes sensitifs, soit qu'il procède des hautes régions du cerveau, il vise les centres moteurs ; et les trajets de nerfs qui en sortent peuvent alors être considérés comme des lits de fleuve qui, en dernière instance, reçoivent et emmènent les courants des différentes régions du cerveau. Nous allons brièvement considérer un exemple déterminé pour éclaircir notre point de vue.

Que les différentes couleurs, abstraction faite des idées qui peuvent s'y rattacher, agissent sur nous chacune à sa manière, que l'on puisse, en partant de ce point de vue, les diviser en deux classes comme Gœthe, Fechner, etc., à savoir en couleurs actives et réceptives, pour parler avec Fechner, selon qu'elles ont sur nous une influence stimulante ou déprimante, et que la même opposition existe entre les tons aigus et graves ; ceci est assez généralement admis. Et que la représentation mentale d'une impression, à proportion qu'elle s'approche en clarté et en intensité de l'impression elle-même, tendra à provoquer la même réaction que celle-ci, personne sans doute ne le contestera. On a donc, d'un côté, les impressions de couleur ou de son (ou leurs représentations mentales), et de l'autre notre réaction sur celles-ci, état particulier de notre organisme, qui se présente à notre conscience sous la forme d'un état émotif. Sans doute, il semble au moment même où l'on est absorbé par la perception d'une couleur ou d'un son, que cette perception et l'état émotif se pénètrent en quelque sorte d'une façon intime. Mais qu'ils peuvent se séparer, nous le voyons en ceci que nous pouvons oublier l'impression, tandis que l'état émotif qu'elle a provoqué dure encore. Hume disait déjà : « Observons que l'esprit humain, en ce qui concerne les passions, n'est pas comme un instrument de musique à vent qui, en passant par toutes les notes, perd immédiatement le son lorsque le souffle cesse ; mais, qu'il ressemble plutôt à un instrument à cordes, dans lequel, après chaque coup, les vibrations retiennent encore quelque son, qui s'évanouit graduellement et insensiblement[1]. »

En disant qu'un état émotif, qui dure après que l'impression ou l'idée qui l'ont provoqué se sont évanouies de la conscience, n'est autre chose que l'état organique se présentant à notre conscience, je ne peux nullement discuter avec ceux qui

---

1. Hume, *Dissertation on the Passions*, sect. 13

y voient autre chose. Pour moi, je n'y peux rien découvrir d'autre que la sensation de mon état corporel, avec la soi-disant tonalité de plaisir ou de douleur qui s'y rattachent, et la plupart des expressions dont je me servirai pour décrire un état émotif s'appliquent admirablement à mon corps. Quand je me sens, par exemple, « le cœur léger », ou que « quelque chose me pèse sur le cœur », ou que « mon cœur se serre » ; quand « je porte la tête haute », ou que suis « abattu », « atterré », « déprimé », quand je me sens « oppressé » ou que « je respire » après quelque anxiété, c'est mon corps que je sens ainsi, et ce que serait un état émotif incorporel, je n'en ai pas la moindre idée.

S'il ressort assez clairement de ce que nous avons dit que l'on peut distinguer entre une impression ou idée d'un côté, et notre réaction de l'autre, et que celle-ci, dans l'exemple dont nous avons traité, est l'état organique dans lequel aboutissent cette impression ou cette idée, je crois néanmoins qu'aucun physiologiste ne serait à même de décrire en détail toutes les voies nerveuses par lesquelles l'impression doit se transmettre pour provoquer une réaction donnée. On est ici à peu près dans la situation d'un géographe qui connaît la source et l'embouchure d'un fleuve tandis que tout le reste du cours de celui-ci est souterrain. La même chose est vraie essentiellement dans le cas où la réaction est un mouvement déterminé, ou une série d'actions compliquées. Les mouvements, les actions nous sont donnés, les impressions ou les idées qui les ont provoqués, également, mais les intermédiaires ne sauraient être suivis en détail.

Tel étant l'état de choses, nous pouvons, dans nos recherches, procéder de deux manières : soit nous demander quelle réaction découle d'une impression ou d'une idée donnée, ou bien, commençant par l'autre bout, rechercher quelles impressions ou idées sont les plus propres à arriver à la conscience simultanément avec une réaction donnée.

L'expérience seule est capable de nous renseigner ici. Mais sa réponse peut souvent être assez ambiguë. Considérons la première question et les possibilités d'erreur que nous y rencontrons.

Certes nous pouvons croire qu'une impression, en vertu de sa particularité individuelle, est apte à éveiller une réaction déterminée dans un organisme déterminé, ce qui, selon les considérations précédentes, signifie qu'elle trouve son chemin jusqu'à certains centres moteurs, et par là influence l'état et l'activité de l'organisme. Que la poudre sternutatoire provoque l'éternuement, que certaines substances éveillent la nausée, que certaines couleurs aient sur nous une influence stimulante, et que certaines impressions auditives innervent nos organes vocaux et ainsi meuvent ces derniers, plutôt que, par exemple, nos bras et nos jambes, tout cela doit provenir de ce fait que chacune de ces impressions a, pour ainsi dire, ses cordes à elle sur lesquelles elle joue dans notre organisme, et qu'il y a pour elle des chemins battus conduisant à certains centres moteurs.

Mais, comme l'expérience le montre, cette réaction que l'on peut appeler primaire, est souvent mise en déroute par une autre réaction éveillée par les idées qui se sont associées à cette impression, et dans ce cas, la réaction observée ne répond pas à l'impression elle-même ou à sa représentation mentale, mais bien aux idées qui s'y sont associées.

Il y a des gens qui détestent la viande de cheval. Mais ils la mangent de grand appétit et s'en trouvent fort bien, pourvu qu'ils ne sachent pas que c'est de la viande de cheval. Il est clair alors que les qualités de cette viande, goût, odeur, couleur, composition chimique, prises à part, n'éveillent en eux que des réactions agréables. Que ces personnes apprennent cependant qu'elles ont devant elles de la viande de cheval, il leur est alors impossible de la manger, et si on leur prouve qu'ils en ont mangé, leur estomac peut s'en trouver fort mal. Il est donc clair que ce n'est pas la viande en elle-même, mais les idées qui s'y rattachent, le point de vue duquel on la regarde, qui causent la nausée.

De vieux os moisis sont certainement en eux-mêmes fort peu aptes à provoquer un sentiment de vénération ou d'enthousiasme, ou bien des actions héroïques. Mais l'histoire est là pour prouver quel rôle de tels os peuvent jouer. Qu'est-ce donc que saint Marc de Venise, sinon une châsse magnifique construite pour une autre moindre, contenant les restes terrestres de l'Évangéliste ? La cathédrale de Cologne ne fut-elle pas bâtie à l'intention des restes encore plus problématiques des trois Rois Mages ?

Ces exemples, seulement pour montrer qu'autre chose est la réaction qu'un objet appelle par ses qualités sensibles, et autre chose celle qui répond aux idées qu'il éveille. Le dégoût pour la viande chevaline provient de ceci, qu'on la classe parmi les aliments repoussants. Le point de départ est qu'il y a des choses qui, par leurs qualités sensibles, sont repoussantes. Toutes les choses ou qualités qui éveillent immédiatement cette réaction, viennent à former une classe à part et sont assimilées au même concept : le repoussant. Et c'est la réaction qui est la base de cette assimilation ; car il serait absurde d'appeler une chose repoussante si elle ne pouvait éveiller le dégoût, et, de l'autre côté, il serait souvent difficile de dire ce que deux choses ou qualités ont en commun hors de la réaction qu'elles éveillent, par exemple, une odeur ou une couleur, qui toutes les deux peuvent être repoussantes. Un concept est comme le point où différents courants tombent dans un lit commun. Mais ce lit commun est une attitude ou réaction déterminées de notre part.

Aussitôt donc qu'un objet s'assimile, à tort ou à raison, à un concept déterminé, il s'ensuit de notre part tout au moins une tendance à une certaine réaction ou attitude en face de l'objet. C'est ainsi qu'un bon catholique en face d'os dont il ne connaîtrait pas la provenance, garderait une attitude plutôt froide. Qu'il apprenne au contraire, que ce sont là des reliques, peut-être de l'un des Évangélistes, sa réaction deviendra à l'instant tout autre. Le courant, qui d'abord coulait dans un sens, se précipite maintenant dans la direction opposée.

L'histoire de l'individu aussi bien que de la race, montre fréquemment de tels exemples de changements dans la direction des courants qui vont des sens au cerveau, et de là aux muscles, de changements dans les connexions entre l'impression et la réaction ; dans les régions supérieures du cerveau, la ligne de partage des eaux varie souvent, de telle sorte que cela peut sembler pur hasard si un courant naissant coule dans l'un ou l'autre lit, qui pourtant conduisent aux attitudes ou aux actions les plus différentes. C'est ainsi que l'on en vient, un beau jour, à brûler ce que l'on a adoré et à adorer ce que l'on a brûlé.

Si la réaction primaire peut ainsi être vaincue

par une autre pendant un temps plus ou moins long, ou du moins devenir difficile à constater, tant que les idées éveillées associativement ont le dessus, elle s'annonce de nouveau pourtant, aussitôt que la liaison avec cette idée est, pour une raison ou une autre, coupée.

C'est ainsi que le dégoût pour la viande de cheval peut disparaître et faire place à l'appétit, par le fait qu'on se rend compte que l'on a tort de la classer avec les nourritures repoussantes, et que le préjugé à son égard provient du temps où la religion chrétienne fut introduite dans le Nord, et où cette viande était interdite parce qu'elle avait formé un plat de prédilection dans les festins sacrés des païens, ou bien dès qu'on a la preuve que, par sa composition chimique, cette viande est un aliment excellent. Un os qui, en tant que relique, était revêtu d'une splendeur de sainteté, en serait dépouillé et resterait dans sa moisissure grise, à l'instant même où le croyant verrait jusqu'à l'évidence que ce sont là les restes de quelque animal sans gloire, et non pas ceux d'un saint.

Nous passons maintenant à la considération de l'autre question : quelles sensations et idées sont les plus aptes à atteindre la conscience simultanément avec une réaction donnée ? — Nous formulerons dès l'abord une réponse, que nous chercherons ensuite à appuyer sur des faits incontestables. Notre réponse est la suivante :

Sont les plus aptes à venir à la conscience en même temps qu'une réaction donnée, les sensations ou les idées qui sont telles, que la réaction qu'elles éveilleraient elles-mêmes est identique à la réaction donnée, ou bien en est un dénouement naturel.

De la nature de la réaction, soit qu'elle consiste en mouvements marqués, en actions, ou tout simplement en une attitude qui arrive à la conscience sous forme d'état émotif, il découle que c'est là la réponse de l'organisme à des impressions ou à des idées, quelque chose qui leur fait suite ; de plus, c'est aussi là une déviation de l'état normal de l'organisme, cet état d'équilibre entre les fonctions qui prévaut d'autant plus que l'organisme est moins influencé par des impressions ou des idées.

Si notre réponse est juste, une réaction présente fait un choix entre les sensations et les idées possibles pour l'individu, au moment donné.

Par là nous voulons dire tout simplement ceci : personne — à moins que ce ne soit un solipsiste endurci — ne doute qu'à chaque instant il n'y ait et ne se passe dans le monde ambiant et à portée de nos sens, une foule de choses qui n'atteignent pas notre conscience, mais qui *peuvent* nous devenir conscientes aussitôt que certaines conditions sont réalisées, comme par exemple, certaines adaptations des organes de nos sens, ou bien une idée préalable de ce que nous devons percevoir. Est donc possible, à un instant et en un lieu donnés, toute sensation qui atteint la conscience aussitôt que l'individu sentant s'adapte d'une certaine façon à l'égard des impressions. De ce point de vue, le monde objectif est incontestablement un ensemble de « sensations possibles ». Il est, par exemple, généralement reconnu que notre attitude en face de l'ambiance peut non seulement déterminer celles des excitations présentes qui parviennent à la conscience, mais aussi les modes de celles-ci qui sont au premier plan. C'est ainsi que l'on distingue dans une impression de couleur, le ton, la luminosité, et la saturation, dans une note, l'intensité, la hauteur et le timbre, sans compter l'extension des impressions dans le temps et dans l'espace. Chacun de ces modes peut alors prévaloir dans la conscience aux dépens des autres.

C'est cette relation entre l'individu sentant et les excitations de l'ambiance qui détermine la perception qu'il en a, la forme sous laquelle elle se présente dans sa conscience.

Quant aux idées possibles, l'individu est en réalité à leur égard dans une situation semblable à celle où il se trouve en face du monde objectif. Le monde de nos souvenirs et de notre imagination nous est *donné* aussi bien que celui de nos sens. Quelle sera sa richesse, quels souvenirs s'y trouveront, quelles images y surgiront, l'expérience seule pourra nous en instruire. Personne ne connaît d'avance les trésors de ce monde intérieur, pas plus que ceux du monde extérieur. Mais une foule de choses indiquent que tout le passé d'un individu lui est présent d'une certaine manière à chaque instant, bien que, seule, la partie de ce passé qui trouve les conditions les plus favorables arrive à la conscience. L'apparition brusque d'idées qui n'ont pas été présentes pendant des dizaines d'années, des exemples d'une mémoire d'une richesse inusitée sous l'influence des émotions, au commencement d'une maladie mentale, dans la fièvre, après l'usage de l'opium, dans des situations extraordinaires, dans un péril de mort, dans le rêve, pendant l'hypnose, etc., comme aussi le fait qu'il y a eu des individus qui semblent réellement s'être souvenus de tout ce qu'ils avaient vécu[1], tout cela fait qu'on ne peut pas bien mettre en doute la possibilité de la conservation de toutes les expériences de l'individu. De plus, comme on ne peut pas dire avec une certitude absolue qu'une impression donnée ne sera jamais rappelée, on est donc forcé de procéder exactement comme si l'on supposait que tout ce qui est vécu se conserve, et, par conséquent, *peut* être rappelé, aussitôt que les conditions favorables sont là. Quelles sont ces conditions

---

[1]. Voyez W. James, *Œuv. cit.*, p. 660-661, note.

favorables, voilà ce qu'il faut demander à l'expérience.

Nous passons maintenant à montrer que notre réaction sur les choses concourt en réalité à déterminer de quoi nous prenons conscience dans le monde extérieur aussi bien que dans le monde intérieur, et sous quel jour nous l'apercevons. Mais précisons d'abord les termes dont nous nous servons.

En parlant de réaction, il est clair que nous pourrions aussi bien dire état, ou activité, car les limites entre ces concepts sont flottantes, la réaction n'étant qu'un état ou une activité déterminés par des impressions ou des idées, état ou activité qui peuvent durer pendant un temps plus ou moins long, même après que les impressions ou les idées ont disparu de la conscience. Chaque instant nous fait ses propositions, mais notre réponse concourt à déterminer notre manière d'accueillir les propositions de l'instant qui suit.

Le mot le plus commode pour désigner le mode dont notre réaction, à un moment donné, concourt à déterminer notre perception et par là notre réaction au moment suivant, serait peut-être le terme « *accommodation* »[1]. Nous pouvons par conséquent dire que chaque réaction nous accommode d'une certaine manière, et que cette

---

1. Ce terme a chez nous le même sens que le mot allemand « Anstellung ».

accommodation concourt à déterminer le contenu et la manière de notre expérience.

Nous avons expliqué ailleurs ce que nous entendons par un état émotif. Mais, qu'un tel état influence notre manière de voir le monde ambiant, aussi bien que le cours de nos idées, cela est généralement reconnu et souvent exprimé. « De même qu'un seul et même paysage », dit Höffding, « prend un air différent selon la lumière qui le baigne, de même, *les mêmes choses et les mêmes événements se présentent à nous de façon tout à fait différente selon nos différents états émotifs*[1]. »

Pour traiter de cette question, il faut deux choses : d'abord une exposition qui nous montre la différence entre l'image que nous recevons d'une seule et même chose, sous l'empire d'un état émotif déterminé, puis l'image que l'on en a quand règne un autre état. On se tire généralement d'affaire ici avec des expressions comme celle-ci, par exemple, que le triste « voit tout en noir », et le gai, « tout en rose ». En second lieu, il faut expliquer comment il se peut qu'un état émotif ait la puissance de changer pour nous l'apparence des choses. Nous devons par conséquent traiter de plus près ces deux questions.

Personne ne doute que l'apparence d'un paysage, tout au moins dans ses couleurs, varie avec

---

[1]. *Psychologie,* VI, F., 4 (trad. fr. Paris, F. Alcan).

l'éclairage. Un paysage vu sous un éclairage donné acquiert-il réellement un air différent lorsque l'on est de bonne humeur ou attristé? Un homme qui, tandis qu'il regarderait le paysage, changerait tout à coup d'état d'âme, le verrait-il à l'instant même changer d'apparence sous ses yeux[1], bien qu'objectivement rien ne se soit altéré? Voilà la question. Qu'un paysage change d'aspect, lorsque l'on se place devant les yeux un verre coloré, cela est facile à observer, car on a l'instrument sous la main. Mais un état d'âme n'est pas si facile à manier.

Tant que nous ne serons pas assez avancés pour changer expérimentalement et tout d'un coup l'état d'âme d'un individu pendant l'observation d'un objet et, ainsi, enregistrer le changement éventuel dans l'apparence de cet objet, il nous faudra essayer, par une voie indirecte, d'atteindre la solution de la question.

Peut-être certains diront-ils que tous ces changements dans l'aspect des choses sous des états d'âmes différents ne sont pas à prendre au sérieux, et que c'est là plutôt une façon de parler, qui signifie tout simplement que, dans un certain état, une chose nous donne du plaisir, qui,

---

1. Cf. « Je me souviens clairement du moment où la nouvelle arriva; c'était, comme je l'ai dit, l'après-midi du dimanche pendant la matinée duquel elle fut tuée, en plein été, en plein soleil, en pleine joie dans la ferme. Je me souviens que ce fut comme si l'éclairage s'assombrissait, les visages se figeaient, le fjord devenait terne, comme si les forêts et les champs se resserraient dans l'ombre les uns des autres » (Björnstjerne Björnson).

dans un autre état, nous cause de la douleur ; ils prétendront que les différences consistent uniquement dans ce sentiment de notre côté, et que, le plaisir et la douleur étant ce que nous percevons le moins comme appartenant aux objets, mais justement comme quelque chose qui nous regarde nous-mêmes, les objets ont en vérité exactement le même aspect pour nous dans les deux cas ; mais nous *disons* qu'ils se présentent différemment parce qu'ils agissent sur nous comme s'ils étaient différents. Que le triste voit tout en noir, cela ne signifie pas alors qu'il voit le monde sous un éclairage plus sombre que d'ordinaire, mais seulement qu'il lui donne une impression aussi pénible que s'il était tout noir, et, de la même manière, « voir tout en rose » veut dire tout simplement que le monde donne à celui qui est gai une impression aussi agréable que si le rose de l'aurore baignait toutes choses.

Cette façon de se tirer d'affaire serait très aisée, et semblerait toute naturelle à beaucoup de personnes. On est tellement habitué à tolérer des façons de parler, qui, ou bien ne signifient rien, ou bien ont un sens opposé à celui des mots eux-mêmes, que l'on se contente volontiers, en face des problèmes difficiles, de se dire qu'il ne faut pas prendre de telles expressions à la lettre, mais dans un sens figuré, symbolique, que sais-je, sans rechercher la relation entre le sens figuré et le sens direct, sans essayer si, tout de même, les billets du langage ne s'échangent pas sur demande contre l'or de la sensation dans la banque de l'expérience.

Loin de moi l'idée de nier que beaucoup des expressions verbales dont on se sert pour décrire les états et les actions de l'âme, soient fort indirectes, mais je croirais que, plus souvent qu'on ne s'imagine, ces expressions doivent être prises à la lettre. J'ai déjà remarqué que des mots comme « abattu », « déprimé », « atterré », « oppressé », etc. sont pour moi des descriptions directes de mes sensations corporelles. Une âme « atterrée » n'a pour moi aucun sens. Au contraire, je sais bien ce que veut dire porter la tête basse, avoir de la peine à se tenir droit, sentir une lourdeur dans tout le corps, etc. Mais il en est de ces expressions comme des autres, et l'on ne doit donc jamais taxer à priori aucune expression comme imagée, mais chercher sur quelles sensations elle est fondée, et l'on en viendra peut-être à éprouver la vérité de la parole de Lichtenberg : « celui qui pense lui-même beaucoup trouve beaucoup de sagesse cachée dans le langage[1]. »

Quelles raisons y a-t-il alors d'admettre que les impressions extérieures sont perçues en réalité d'une façon différente sous des états d'âmes différents ?

---

1. Cité par W. Sternberg. *Geschmack und Sprache*. Zeits. f. Psychologie u. Physiologie der Sinnesorgane, 56 Bd., p. 116.

On pourrait chercher la première raison en ceci, que le cours de nos idées est différent sous des états d'âmes différents. Cela est généralement reconnu. James s'exprime ainsi : « Les même objets ne rappellent pas les mêmes associations, quand nous sommes gais, que lorsque nous sommes mélancoliques. Rien même n'est plus frappant que notre complète incapacité d'entretenir des suites d'images joyeuses quand nous sommes abattus. L'orage, les ténèbres, la guerre, des images de maladie, de pauvreté et de détresse, affligent sans répit l'imagination des mélancoliques. Et il est impossible aux hommes d'un tempérament sanguin, lorsqu'ils sont de bonne humeur, de persévérer dans des pressentiments sinistres ou dans des pensées sombres. La ronde des associations court en dansant vers les fleurs et le soleil, vers des images de printemps et d'espoir. Les récits de voyage aux pôles ou aux déserts africains, lus dans un certain état d'esprit, n'éveillent qu'une pensée d'horreur à la malignité de la nature ; lus à un autre moment, ils ne suggèrent que des réflexions enthousiastes sur la puissance et l'audace indomptables de l'homme[1]. »

Mais, d'un autre côté, il y a ce fait que les idées qui, chez l'individu, sont présentes ou simplement proches, codéterminent toujours plus

---

1. Œuv. cit., vol. I, 576.

ou moins les impressions qui arrivent à sa conscience, en même temps qu'elles soulignent tel ou tel de leurs différents aspects. Les idées présentes viennent ainsi à choisir, mais aussi à suppléer et à transformer les données. Pour prendre un exemple bien connu : un homme épris croit à chaque instant, en errant par les rues, apercevoir une vision fugitive de sa bien-aimée dans la foule, et s'aperçoit seulement, en approchant, que c'était une autre.

Il y avait là un sentiment, et l'idée de l'objet de ce sentiment. Peut-être l'idée n'était-elle pas toujours présente, mais elle était pourtant proche. C'était elle qui, parmi toutes les formes féminines qui tombaient sur la rétine de l'amoureux, choisissait celles qui avaient quelque ressemblance avec la bien-aimée, y suppléait et les transformait.

On peut voir la même chose au sujet des qualités simples. Parmi une foule de nuances, celui qui, pour une raison ou pour une autre, est spécialement occupé d'une d'entre elles, s'attache immédiatement à celle-ci, quoique son œil glisse indifférent sur toutes les autres. Et, que la qualité elle-même peut changer pour notre œil, selon qu'on se demande si c'est plutôt une couleur ou une autre, cela est démontrable par l'expérience : « Je prends deux morceaux de papier gris, à peu près également clairs, objectivement parlant, pouvant cependant avoir une nuance un peu différente, et les mets l'un à côté de l'autre; je me demande alors si *a* n'est pas décidément plus clair que *b*, et immédiatement *a* me paraît plus clair. Pourtant je tombe dans le doute, si la nuance jaunâtre d'*a* ne m'a pas trompé, et s'il n'est pas, après tout, plus sombre « en réalité »; immédiatement, je me sens assuré de le voir plus sombre »[1]. James raconte:

« Je sortis l'autre jour et trouvai que la neige fraîchement tombée avait un drôle d'air, différent de l'apparence de la neige ordinaire. Je lui appliquait aussitôt l'épithète de « micacé »; et il me sembla qu'à l'instant même, la différence devenait plus distincte et plus fixée. Les autres connotations du mot « micacé » éloignèrent encore cette neige de la neige ordinaire et semblaient accuser l'air caractéristique en question[2]. » Des expériences semblables sur nos autres sens[3] montrent comment les idées présentes sont toujours « in, sub, cum » toute notre perception, comment elles semblent être tour à tour la trame et la chaîne du tissu bariolé de nos sensations.

Puisque toute perception de ce qui est objectivement donné dépend plus ou moins des idées présentes, puisque la lumière elle-même peut

---

2. *OEuv. cit.*, vol. I, p. 512.
1. Ebbinghaus, *OEuv. cit.*, *La vie représentative*, p. 158.
3. Cf., p. ex., James, *OEuv. cit.*, v. II, p. 95-102, et Ebbinghaus, endroit cité ci-dessus.

paraître plus sombre ou plus claire suivant l'idée qu'on en a, il semble tout naturel de s'imaginer que, lorsque, par exemple, le triste « voit tout en noir » c'est que « la lumière qui est en lui n'est que ténèbres! », et de se rappeler la version de Gœthe du mot profond de Plotin :

> Wär' nicht das Auge sonnenhaft
> die Sonne könnt'es nie erblicken.

Mais voilà précisément le nœud de l'affaire. Car, si l'image que prend le monde extérieur dans la conscience, sous un état émotif donné, doit être expliquée à l'aide des idées que l'état émotif amène, on se demande pourquoi un certain état émotif rappelle, ou rend proches, justement les idées qui sont aptes à le conserver ou à le renforcer. Pourquoi l'imagination du mélancolique est-elle principalement visitée par des idées qui, en soi, tendraient à attrister? Pourquoi les idées du joyeux s'en vont-elles en ronde vers les fleurs et le soleil?

Doit-on s'aventurer ici sur le terrain vacillant des théories physiologiques? Doit-on peut-être raisonner de la façon suivante?

Un état émotif se produit par ceci, que les processus cérébraux occasionnés par des impressions ou des idées atteignent des centres moteurs et, par là, déterminent l'état du corps. Comme cet état est dirigé par les centres moteurs, sa qualité spéciale dépendra de *quels* sont les centres dirigeants et de la *façon* dont ils opèrent. On peut maintenant se représenter différentes possibilités. D'abord, on peut s'imaginer que lorsqu'un centre moteur entre en activité pour une raison ou pour une autre, l'état des voies nerveuses qui conduisent à ce centre est par cela changé. Pour donner une image : un centre moteur, pourrait-on dire, est comme un réservoir communiquant avec plusieurs réservoirs plus élevés. Si le premier est ouvert, de telle façon qu'un peu de liquide puisse s'écouler, il se produit alors un courant dans les tuyaux provenant des bassins supérieurs, et, si la conscience dépend justement d'un tel courant, on comprend comment toutes les idées qui se déchargent dans la même réaction, deviennent proches aussitôt que celle-ci commence[1].

On pourrait aussi s'imaginer que ce n'est qu'indirectement que les centres moteurs influencent les centres de conscience, à savoir par l'intermédiaire d'excitations provenant des organes mis en activité par les centres moteurs.

Mais pourquoi ne pas supposer une influence à la fois directe et indirecte? Pourquoi ne pas considérer le tout comme un circuit?

Cette dernière possibilité me semble la plus naturelle sans que je veuille pour cela considérer le problème comme résolu.

[1]. Cf. Münsterberg, *Grundzüge der Psychologie,* I. Leipzig, 1900, p. 543.

Supposons, pour prendre un exemple concret, que l'on puisse normalement se mettre dans un état émotif spécial en fronçant les narines, et, qu'avec cet état émotif, viennent à la conscience ou s'en approchent des idées spéciales, à savoir, toutes les idées qui elles-mêmes amèneraient un froncement semblable des narines. La question est alors de savoir — si ces idées arrivent à la conscience aussitôt qu'un courant d'innervation part des centres innervant le nez — ou bien si ce sont seulement les impressions du froncement de nez qui rendent ces idées proches; de telle sorte que, chez quelqu'un dont le nez serait anesthésié, l'activité mentale ne serait pas le moins du monde influencée, qu'il fronçât le nez tant qu'il voudrait, — ou enfin, si toutes ces idées commencent à s'éveiller aussitôt que le courant part des centres moteurs, les impressions du froncement de nez ayant tout de même leur mot à dire, puisque, aussi bien que toute autre impression, elles influencent l'activité mentale. Si je penche surtout vers la dernière hypothèse, c'est parce que je crois que l'observation de soi-même montrera qu'une attitude ou un geste peuvent bien influencer le courant des idées sans pourtant parvenir eux-mêmes à la conscience, tandis que de l'autre côté, les impressions provenant d'une attitude ou d'un geste peuvent sans aucun doute agir à leur façon, aussitôt qu'elles arrivent à la conscience claire. C'est ainsi que celui qui serait affligé d'un clou sur le nez et ne pourrait ainsi le froncer sans douleur, aurait difficilement, en le faisant, les mêmes idées que si son nez était en parfait état.

Mais, comme je l'ai dit, nous sommes ici sur le terrain vacillant des théories physiologiques, et, sentant combien l'équilibre est incertain, nous préférons en rester là et nous contenter de constater tout simplement de nouveau ce que l'expérience prouve : l'activité mentale suit à un haut degré l'état émotif dominant, de manière que les idées qui surgissent ou s'approchent sont pour la plupart telles, qu'elles seraient aptes d'elles-mêmes à produire un état émotif semblable.

Si l'état émotif peut ainsi contribuer à déterminer quelles idées surgissent, on doit également supposer que la nuance de l'état émotif contribue à déterminer quel côté de l'idée vient au premier plan et lequel passe au second, en d'autres termes, quel caractère l'idée prend devant notre conscience. Prenons, par exemple, le souvenir d'une personne, à un moment donné. Nous reconnaissons ce souvenir pour le même, aussi souvent qu'il se présente à la conscience. C'est quelque chose à part, nous ne le confondons avec aucune autre image remémorée de la même personne ; il a sa place déterminée dans le temps et son entourage déterminé. Je crois cependant que l'observation montrera que cette image peut prendre un air assez différent suivant l'état émotif où l'on se trouve. Ce n'est pas seulement une différence de clarté ; l'image a comme un autre caractère, et il me semble qu'on se rend compte que la différence dépend de ceci que l'on se porte différemment au-devant du souvenir à différents moments, et que cette différence s'évanouirait aussitôt que l'on serait dans le même état émotif.

Ce sont alors les idées telles qu'elles sont nuancées d'après l'état émotif dominant, qui déterminent notre perception du monde extérieur.

En parlant de l'influence de l'état émotif sur l'activité mentale, et par là sur la perception du monde extérieur, nous n'oublions pas que le courant d'idées déterminé par l'état émotif peut, à son tour, altérer ce dernier. Il est clair que si, sous un état émotif donné, pouvaient seulement venir à la conscience les idées et les impressions aptes à maintenir ou à renforcer cet état, on n'en sortirait jamais tant que les énergies de l'organisme ne seraient pas épuisées dans cette direction. Mais de tels cas sont morbides. Deux choses travaillent à prévenir une telle marche sur place. D'abord, l'impression extérieure peut être telle, qu'elle nous pousse à changer d'attitude et, par là, d'état émotif. En second lieu, une idée qui, prise à part, répond à l'état émotif qui l'a provoquée, peut introduire, au moyen d'associations intimes, une autre idée qui est assez forte pour causer une nouvelle réaction et, par là, un nouvel état émotif. Il y a en réalité une action réciproque perpétuelle entre les impressions et les idées d'un côté, et les états et réactions de l'autre, ce qu'aucun psychologue n'a mieux exprimé que Méphistophélès souvent cité :

> Zwar ist's mit der Gedanken-Fabrik
> wie mit einem Weber-Meisterstück,
> wo ein Tritt tausend Fäden regt,
> die Schifflein herüber hinüber schiessen
> die Fäden ungesehen fliessen,
> ein Schlag tausend Verbindungen schlägt.

Pour examiner cette machine compliquée de la pensée au travail, nous ne pouvons malheureusement échapper à la nécessité de nous servir précisément de la méthode que ce même Méphistophélès raille, à savoir l'analyse. Force nous est de prendre les rouages dans nos mains pour voir comment le premier et le second mettent le troisième et le quatrième en mouvement :

> Das Erst' wär' so, das Zweite so
> und drum das Dritt' und Vierte so ;
> und wenn das Erst' und Zweit' nich wär';
> das Dritt' und Viert' wär' nimmermehr.

Une fois, nous prenons une impression ou une idée comme données, et voyons quelle réaction s'ensuit ; une autre fois, nous nous donnons une réaction, et voyons quelle influence elle a sur la perception des impressions ou des idées.

Le seul métier tangible pour la fabrication du tissu bariolé de notre vie mentale est notre organisme. Malheureusement, notre connaissance de sa mécanique intérieure est tristement restreinte, mais nous pouvons voir comment le tissu change suivant la façon dont le métier est mené et, dans certains cas, voir même comment des mouvements déterminés altèrent la texture de nos perceptions et de nos idées.

Dans ce qui précède nous avons à dessein évité de donner aucune description précise de l'état et des mouvements du corps sous tel ou tel état émotif, parce que nous cherchions seulement à fixer les principes généraux. Mais il est bien connu qu'un état émotif peut quelquefois se manifester par des mouvements d'un rythme et d'une vitesse déterminés, et que, de l'autre côté, ces mêmes mouvements, si on les fait volontairement, peuvent amener l'état dont ils semblaient d'abord découler. Nous avons donc ici un exemple de la façon dont nos états d'âme semblent se décharger par nos mouvements corporels et, à leur tour, ceux-ci frayer la voie pour ceux-là. Mais nous allons voir aussi comment des mouvements rythmiques peuvent influencer nos perceptions et le courant de nos idées.

Quelque idée que l'on se fasse de la nature psychologique du rythme, on ne peut mettre en doute sa liaison étroite avec les mouvements et les tendances de mouvement. Nous pouvons per-

cevoir le rythme par la vue ou par l'ouïe aussi
bien que par le sens kinesthétique, mais l'élément moteur joue pourtant le rôle dominant
dans notre perception du rythme[1]. Cela est pour
notre étude le fait principal, et nous ne nous
occuperons pas de la question de savoir s'il y a
vraiment des cas de conscience du rythme sans
élément moteur, ou si l'activité qui semble être
une condition nécessaire de cette conscience[2]
n'est pas d'une nature motrice. Le cas où le
rythme s'exprime par des mouvements ou des
tendances de mouvement est le seul qui nous
intéresse. « Le fait que nous ne pouvons pas
fredonner ou siffler un air sur un rythme et,
en même temps, nous mouvoir selon un autre
rythme[3] » montre comment un mouvement rythmique tend à se subordonner toutes les impulsions de l'organisme. C'est bien de l'interférence
d'impulsions opposées que provient le déplaisir
qu'on éprouve à entendre à la fois plusieurs
rythmes incompatibles, ou à voir quelqu'un se
mouvoir selon un certain rythme tandis que
l'on en écoute un autre, comme dans le cas d'une
danse à contre-temps. De l'autre côté, le plaisir
que l'on sent lorsque les impressions visuelles,

---

[1]. Kurt Koffka, *Expérimental Untersuchungen zur Lehre von Rhytmus.*
Zeits. f. Psych. und Phys. der Sinnesorgane, 52 Bd. (1909), p. 104.
Cf. aussi 82, 83, 102.

[2]. *Id.*, p. 105.

[3]. Vernon Lee and C. Anstruther Thomson, *Beauty and Ugliness.* The
Cont. Review, 1897, p. 667.

auditives et kinesthétiques ont toutes le même rythme, comme dans le cas de la marche au pas, musique en tête, provient bien de ceci que là, toutes les impressions concourent, éveillant toutes les mêmes tendances, se déchargeant par les mêmes mouvements.

Lorsque l'on est soi-même dans un état neutre, sans prédisposition spéciale, un rythme objectivement donné aura la meilleure chance d'être perçu correctement, et les mouvements ou tendances qu'il provoquera, lui répondront ; aux éléments accentués du rythme répondront les tendances les plus fortes, aux inaccentués, les plus faibles, etc.

Ici, ce sont les impressions rythmiques elles-mêmes qui rythment les mouvements.

Pour voir maintenant comment nos propres mouvements peuvent influencer notre perception des impressions extérieures, nous pouvons nous imaginer différents cas.

Supposons que l'on se meuve selon un rythme déterminé, tout en essayant d'en percevoir un autre tout différent qui est objectivement donné ; chacun se convaincra facilement que la perception correcte du rythme donné, aussi bien que le mouvement rythmique lui-même — à moins qu'il soit devenu tout à fait automatique — en seront troublés à un haut degré, si non rendus tout à fait impossibles.

Mettez un danseur dans une salle et faites-le

danser à sa fantaisie, une valse, par exemple.
Faites jouer, pendant qu'il danse, trois airs de
danses qui lui soient inconnus, par exemple une
polka, une mazurka, et enfin une valse dans la
même mesure que la sienne[1]. Peut-être doutera-
t-on que le danseur soit en état de discerner
aucun de ces airs de danse au milieu d'un tel
chaos de sons, sans s'embrouiller lui-même.
Mais personne ne doutera que s'il en peut suivre
un, ce sera précisément l'air de valse. On ne
pourrait pourtant pas s'imaginer facilement, du
fait qu'il réussit à entendre cet air en particulier
et à laisser passer les autres inaperçus, une autre
explication que celle-ci : la valse est d'accord
avec le rythme de ses propres mouvements et
peut par conséquent les renforcer ; c'est là un
exemple qui montre bien comment parviennent
le plus facilement à la conscience les impressions qui précisément seraient elles-mêmes aptes
à provoquer ou à entretenir des mouvements identiques aux mouvements présents, ou bien, si l'on
préfère, comment un mouvement peut frayer le
chemin aux impressions qui elles-mêmes provo-
queraient une tendance à ce même mouvement.

Dans les exemples que nous avons présentés,
il s'agissait de rythmes objectivement donnés.
Mais les impressions peuvent aussi former une
succession uniforme sans rythme proprement

[1]. J'emprunte cet exemple à une conférence d'Henri Bergson que j'ai entendue au Collège de France, hiver 1908-9.

dit, comme, par exemple, le battement du métronome. Si, cependant, la mesure n'est ni trop lente ni trop rapide, on perçoit habituellement une telle succession uniforme comme rythmique, on la rythme spontanément. C'est ainsi que l'on n'entend pas le tic-tac de la pendule ou le battement du métronome comme une succession uniforme de sons exactement égaux, mais bien comme une alternance régulière de sons faibles ou forts, par exemple : fort-faible (trochaïque), faible-fort (ïambique), ou selon tout autre rythme. Mais, que l'on rythme les impressions, signifie seulement qu'elles prennent dans la perception le rythme que l'individu a dans la conscience, ou auquel il est le plus disposé. Puisque le rythme subjectif a des temps forts et faibles, tandis que le rythme objectif n'a que des temps uniformes, il doit arriver, lorsque ces deux séries se juxtaposent dans la perception, que l'accentuation tombe sur le temps de la série objective qui coïncide avec le temps fort de la série subjective. Le rythme résultant devient pour ainsi dire calqué sur le rythme subjectif.

Lorsqu'on entend ce dont on est occupé dans une suite de sons à peu près uniformes comme le roulement du wagon, le tic-tac de la pendule, le tintement des cloches, c'est pour la même raison [1].

---

1. Cf. Gustaf Cederschiöld, *Rytmen och Fantasien*. Nordisk Tidskrift (Letterstedtska), 1902, p. 321 et s.

Comme on le sait, les temps accentués d'un rythme se présentent à la conscience avec plus de force et de clarté que les inaccentués. Cela est surtout évident pour les impressions auditives, mais semble aussi valoir pour les impressions visuelles rythmées. C'est ainsi que Koffka[1] a trouvé que les impressions lumineuses accentuées semblaient souvent plus claires que les autres. A ce sujet, on peut peut-être rappeler ce que G. F. Arps et O. Klemm ont démontré, à savoir qu'un faible changement de clarté sur une surface transparente éclairée est plus souvent aperçu, s'il coïncide avec le coup d'un marteau qui bat dans une mesure uniforme (et qui n'est pas vu de l'observateur), que lorsque ce changement a lieu dans l'intervalle des coups. Si le marteau bat une mesure dactylique, le changement dans l'impression visuelle est plus facilement remarqué s'il coïncide avec le premier coup d'un dactyle[2].

Il est d'un certain intérêt ici de constater ce dont tout le monde peut se convaincre par une petite expérience, à savoir que l'on peut rythmer une série uniforme d'impressions, par exemple le battement du métronome, de quelque manière que l'on veuille, en battant tout simplement ce rythme avec la main, le pied ou

1. *Œuv. cit.*, p. 44 et 63.
2. G.-F. Arps. u. O. Klemm, *Dsr Verlauf der Aufmerksamkeit bei rythmischen Reizen*. Wundts Psychol. Studien, 4 (6), 1909, p. 505-530.

la tête. Les impressions qui coïncident avec les temps accentués, en d'autres termes les impressions qui répondent aux coups les plus prononcés, se présentent à la conscience avec plus de force et de clarté que les autres.

Considérons maintenant l'action des mouvements rythmiques sur le monde de nos idées, et réciproquement, et nous trouverons un état de choses semblable. Nous constaterons, tout de même, que l'action de penser à une strophe ou à une mélodie d'un rythme différent de celui de nos mouvements aura sur eux une influence perturbatrice. Ils seront facilités, au contraire, si nous pensons à une strophe ou à une mélodie dont le rythme est d'accord avec eux. Mais, des mouvements rythmiques tendront aussi à déterminer quelles idées surgissent. Les mêmes idées ne se présenteront pas, si l'on se meut suivant un certain rythme ou suivant un autre.

Que l'on fasse la petite tentative suivante : faire écrire par un autre, sur une feuille de papier, le schéma métrique d'un vers ; battre ensuite quelque temps la mesure de ce schéma, et faire attention aux pensées qui surgissent. Ma propre expérience est la suivante : il se présente souvent, un fragment de mélodie, soit remémoré, soit ayant un caractère de nouveauté, qui coïncide avec le rythme du schéma. (Quand je lis des vers il vient souvent à la rencontre du vers, dans ma conscience, un air que je ne connais pas ; dans quelques cas j'ai réussi à l'apprendre par cœur et à la faire fixer par écrit.) Se présente-t-il des mots? c'est parfois un vers remémoré d'un mètre identique, ou d'autres fois quelque chose de nouveau. Il arrive que le vers remémoré soit altéré, de telle façon, par exemple, que le commencement coïncide tel quel avec le rythme, tandis qu'un ou plusieurs des mots qui suivent sont déformés afin de cadrer avec le schéma. Comme lorsque pour le schéma suivant : ‿∪‿∪‿∪∪‿∪, s'est présenté :

Fjärran vesper-klockorna klinga.

(« klock*orna* » pour « klockan », « kling*a* » pour « Klingar »). Le schéma se remplit parfois de mots dont la forme lui convient, mais sans aucune liaison logique. Il peut enfin se produire ceci, que les mots qui surgissent ont un rythme différent, mais s'évanouissent aussitôt comme des visiteurs mal reçus, tandis que les phrases qui conviennent sont machinalement répétées en mesure jusqu'à ce qu'elles soient remplacées par d'autres qui conviennent aussi bien.

Dans ces expériences et d'autres semblables, nous avons sans doute à faire avec les mêmes forces qui sont à l'œuvre chez un poète à qui l'on commande un poème sur un mètre donné, tandis que la matière est laissée à son choix.

Force lui est de commencer avec le seul rythme vide. Quels mots, et, par là, quelles idées vont se présenter, c'est ce que ni le poète ni qui que ce soit ne saurait prévoir. Mais le fait que le poème existe enfin montre le pouvoir du rythme qui a su, d'entre les milliers de mots serrés dans l'âme du poète, faire sortir au jour ceux précisément qui conviennent au mètre. Il vient naturellement, pendant que le poète travaille, d'autres mots que ceux qui sont recherchés, des phrases d'un autre rythme que celui qui est requis, mais tout cela est rejeté dans les ténèbres, comme le convive de la Parabole, qui n'était pas revêtu des robes nuptiales. Et c'est seulement en ayant toujours le rythme présent à la pensée, et en attendant la venue des mots requis, que le poète peut achever son œuvre. Comme un filet magique, le rythme va saisir, parmi tout ce qui se remue dans les profondeurs sombres de la conscience, uniquement ce qui répond à la grosseur des mailles.

Considérant maintenant, comme Gœthe l'a dit, « que le rythme résulte inconsciemment de l'émotion poétique[1] » qu'en d'autres termes, un état émotif s'exprime dans son propre rythme, on comprend comment, inversement, le poète, en se subjuguant à un rythme extérieurement donné, entre précisément dans l'état émotif qui,

---

[1]. Eckermann, *Gespräche mit Gœthe* (6 avril 1829).

de lui-même, trouverait une issue naturelle dans ce rythme, et que, par là, viennent à proximité les idées qui d'elles-mêmes seraient aptes à provoquer cet état. Quelqu'une des idées ou des pensées qui surgissent ainsi, devient le sujet du poème. Ce sujet amène les mots, qui servent à sa description ; mais, de tous les mots qui seraient éligibles en raison de leur valeur, le rythme choisit ceux qui lui conviennent. Et, de même que l'accent, l'emphase, tombent naturellement sur les mots ou les syllabes qui correspondent aux idées les plus présentes et les plus claires à la conscience, de même, inversement, le rythme travaille à répartir la lumière et l'ombre parmi les mots et, à travers eux, parmi les idées, qu'il prend dans son filet, — action réciproque perpétuelle, où il est vite impossible de dire ce qui est au commencement et ce qui est à la fin.

Nous avons pris le rythme comme exemple, pour montrer comment certains mouvements organisés influent sur notre perception aussi bien que sur nos pensées, et nous croyons avoir mis hors de doute que les mouvements rythmiques ont dans ces deux domaines une action qui tend à choisir, à transformer et à organiser. Mais il n'est pas nécessaire de borner cette thèse aux mouvements rythmiques : un mouvement quelconque qui, en raison de la constitution primitive de l'organisme ou d'une disposition acquise, est notre réponse à telle impression ou à telle idée, tendra, lorsqu'il se produit pour une raison ou une autre, à leur frayer la voie jusqu'à la conscience.

Que les mouvements accommodateurs de toute espèce, mouvements qui servent à mettre nos organes sensitifs dans l'état le plus propice possible aux impressions, influent sur notre perception, cela est si connu[1] qu'il ne nous est pas besoin d'y insister d'avantage, et nous allons considérer quelques autres exemples.

Nous avons amplement montré que l'image sensible d'une forme ou d'un mouvement appelle immédiatement une tendance aux mouvements qui servent à les imiter. Comment un artiste pourrait-il peindre ou modeler si l'image visuelle ne guidait pas sa main ? Mais autant qu'il est certain que l'image visuelle est ici la condition nécessaire du mouvement, autant est-il certain aussi que l'exécution du mouvement agit à son tour sur la perception de l'image. Dans la même mesure que l'artiste réussit à faire accomplir à sa main les mouvements que son image visuelle de l'objet sollicite, sa perception de cet objet gagne en clarté et en force. « Que tes yeux sont enchâssés d'une façon caractéristique ! » entendis-je une fois un sculpteur s'écrier, tandis qu'il était à modeler son

[1]. Cf. Höffding, Œuv. cit., VA, 1. James, Œuv. cit., I, p. 335. Pillsbury, Œuv. cit., chap. II.

ami : il ne s'en était évidemment jamais aperçu auparavant.

Mais aussi, des mouvements qui ne servent en aucune façon à reproduire ce qui est vu ou pensé, peuvent parfois agir sur les idées, et même à un tel point que celles-ci se changent rapidement en illusions et en hallucinations. La pensée des spectres produit chez les superstitieux qui passent la nuit près d'un cimetière une tendance à jouer des jambes, et chacun sait que le meilleur moyen de disperser de telles pensées est de marcher aussi lentement que possible, tandis que ceux qui cèdent à la peur et commencent à courir, en arrivent facilement à voir de leurs propres yeux ce qui n'était d'abord que pensées fugitives.

Chez les hypnotisés, on peut voir comment les mouvements aident aux hallucinations. Ainsi parle Moll :

« Les mouvements peuvent être avantageusement employés pour aider à provoquer des hallucinations, car les mouvements agissent sur les idées.

« Je donne à un sujet un verre imaginaire de liqueur amère. Il dit qu'il n'y a pas de verre de liqueur amère et qu'il n'a rien dans la main. Sans prendre garde à cette objection, j'élève sa main vers sa bouche pour qu'il boive. Il obéit lentement et avec hésitation, mais lorsque sa main atteint sa bouche, il fait des mouvements de déglutition et l'expression de sa physionomie indique qu'il a un goût désagréable dans la bouche. Quand je lui demande ce qu'il a, il répond qu'il a dans la bouche un goût désagréable comme s'il avait en effet bu quelque chose d'amer[1]. »

Inversement, on peut voir les hallucinations cesser quand les mouvements qui les accompagnent s'arrêtent.

C'est ainsi que Féré rapporte, que certains aliénés qui souffrent d'hallucinations remuent les lèvres quand ils entendent *des voix*, mais qu'ils n'entendent pas de voix lorsqu'ils parlent eux-mêmes.

Le même savant suggéra à trois personnes hypnotisées qu'elles entendraient, en s'éveillant, répéter une lettre, un son, par exemple L. Cela réussit, et il apparut qu'elles remuaient la langue en entendant le son. Si cependant on gênait la langue, soit en y appuyant le doigt, ou en la leur faisant tirer hors de la bouche, l'hallucination s'évanouissait. Les sujets déclaraient pourtant ne point du tout s'apercevoir de leurs mouvements linguaux, tant que durait l'hallucination[2].

Ce dernier point est intéressant, comme semblant montrer que les mouvements peuvent agir sur notre activité mentale sans parvenir eux-mêmes à la conscience.

1. Moll, *Œuv. cit.*, 198.
2. Féré, *Œuv. cit.*, p. 105 et 106.

VIII

ACCOMMODATION

I

Nous avons en ce qui précède traité des rapports de la perception et de la réaction, et je crois avoir montré comment une certaine attitude, certains mouvements ou actions, peuvent concourir à déterminer, aussi bien notre perception du monde extérieur à l'instant donné, que les pensées et idées qui surgissent, et le jour sous lequel elles sont vues. Nous avons vu que la façon dont nous nous accommodons à l'égard des choses donne une certaine structure à ce que nous vivons et détermine ainsi notre expérience. Mais ici semble s'offrir une possibilité de s'incorporer, en quelque sorte, une personnalité étrangère, puisque, si l'on réussit à imiter les jeux de physionomie d'un autre, son attitude, ses mouvements, ses actions, toute sa manière d'être et de se comporter, on s'accommode par là, tout au moins approximativement, de la même façon que cet autre à l'égard des choses, et l'on est ainsi capable d'en être affecté et de les voir comme lui.

Cependant, la similarité, qui se peut ainsi produire, ne deviendra certes jamais identité complète. On comprend aisément que, fût-il possible à quelqu'un d'imiter exactement et absolument la conduite d'un autre en face d'un objet donné, le fait que l'imitateur porte en lui un monde de souvenirs différents, serait cause que les pensées qui surgiraient et coloreraient sa vision de l'objet seraient plus ou moins différentes de celles de l'autre. Elles seraient néanmoins, pourvu que soit réellement obtenue une reproduction de l'attitude de l'autre, orientées de la même manière que les pensées de cet autre, comme fondues dans le même moule, quoique la matière soit différente. De même qu'on peut avoir la même œuvre de sculpture en plâtre, en marbre ou en bronze, qu'on peut tisser le même dessin dans une étoffe de laine, de lin, ou de soie, de même des pensées différentes sont susceptibles d'avoir la même forme ou la même structure. On comprendra ce que j'ai en vue en pensant à ce qui a été dit de l'action organisatrice du rythme sur le courant des idées. Ce qu'on appelle la personnalité est précisément le rythme caractéristique des fonctions, une forme qui organise, donne une structure, forme semblable à elle-même et reconnaissable, de quelque façon que le contenu change. Qu'après avoir entendu quelques mesures d'une mélodie que l'on n'a jamais entendue auparavant, quelques vers d'un poème nouveau, on puisse dire quel en est le compositeur ou le poète, cela ne nous vient pas de ce qu'on entend tout simplement une répétition de ce qu'on a déjà entendu. Non, ce que l'on reconnaît, c'est un certain rythme, une certaine allure, une certaine accentuation, qui sont la marque caractéristique de cette personnalité, marque aussi différente de celle de toutes les autres que son empreinte digitale.

Carlyle dit quelque part : « Tout ce qu'un homme fait est physiognomique de lui-même. A la façon dont il chante, on peut voir comment il se battrait ; son courage ou sa lâcheté se montrent dans les mots qu'il prononce, dans les opinions qu'il s'est faites, non moins que dans le coup qu'il porte. Il est *un* et révèle aux autres le même *soi* de toutes ces manières[1]. »

Étant donné ce fait, que la personnalité tout entière peut ainsi être implicitement donnée dans une manifestation, une action isolées, il semble possible qu'une telle manifestation ou action devienne le germe d'une nouvelle personnalité, de la même nature que celle dont elle provient, de même qu'un petit fragment d'une plante

---

1. Carlyle « On Heroes... », London, Chap. a. Hall, p. 99. — Cf. « M. Daudet nous a raconté que lorsqu'il faisait des armes, il trouvait un grand plaisir à étudier le jeu de son adversaire. Il prétendait que le caractère d'une personne se trahit dans ses attaques et ses ripostes ; on peut tromper au moyen des paroles, déguiser sa pensée, l'exagérer ou la fausser, on ne trompe pas le fleuret à la main. » A. Binet et J. Passy, Auteurs dramatiques. *L'Année psychologique*, 1894, p. 88. Cf. également les paroles de Schwedenborg, citées par Dessoir, Œuv. cit., p. 242.

peut se développer en une nouvelle plante de même nature que l'organisme maternel.

Pour comprendre comment cela se passe, il nous faut avoir présents les deux faits sur lesquels nous avons tant insisté, à savoir, qu'une manifestation peut être imitée et reproduite par un organisme étranger dans son individualité caractéristique, et que, d'un autre côté, toutes les fonctions de l'organisme se règlent sur celle qui est la dominante à l'instant donné. Par le fait d'imiter la façon personnelle d'être et de se comporter d'un autre, l'organisme de l'imitateur s'accorde et doit par conséquent, tant que dure l'accommodation ainsi produite, réagir d'accord avec elle. Nous allons examiner quelques exemples tirés de la vie journalière afin d'avoir un aperçu de la nature de cette accommodation.

On est un autre homme dans des sabots que dans des escarpins. Et cette transformation a lieu aussitôt qu'on a les sabots aux pieds. Une analyse plus étroite montrera que cette accommodation se produit par le fait que les muscles marcheurs s'innervent d'eux-mêmes en vue de la nouvelle tâche : marcher avec des sabots. Mais par là se trouve en même temps changée l'innervation du système musculaire tout entier, et avec elle, l'état général du corps et le rythme des mouvements. Je serais, par exemple, porté à croire que l'on a involontairement le parler plus bruyant dans des sabots que dans des escarpins. Mais, du changement général de l'état corporel résulte un changement correspondant dans le mode de penser et de sentir. De même que les mouvements deviennent plus puissants, mais moins souples et moins gracieux, de même l'humeur « sabotesque » portera aux expressions énergiques ; et, avec la sensation qu'on peut sans crainte aller de l'avant, bien que le chemin soit un peu boueux, vient une certaine rude hardiesse. Il semble qu'il ne soit pas besoin d'y regarder de si près. Que cette transformation ne tire pas son origine des souvenirs du milieu où les sabots sont de mise, c'est ce qu'on verra en observant les enfants qui mettent des sabots pour la première fois.

Il serait certes possible d'écrire un livre entier sur l'influence des sabots sur l'âme humaine et, par là, sur la culture. « Culture sabotesque », — « Culture escarpinesque », seraient peut-être des expressions aussi significatives que beaucoup d'autres dont on se sert pour indiquer les directions opposées de la culture. Nous léguons pourtant à d'autres cette intéressante tâche ; du reste, ce que nous avons dit des sabots n'est qu'un exemple entre beaucoup d'autres, de la façon dont les vêtements en général accommodent l'organisme et influent aussi sur le sentiment du moi. Lotze[1] a, il y a longtemps, fait d'excellentes

---

1. *Mikrokosmus*, 3 Aufl. Leipzig, 1878, Bd. II, p. 208-214.

remarques à ce sujet ; je ne veux pas les reprendre, mais simplement les signaler.

Remarquons combien rapidement se produit cette accommodation de l'organisme, qui n'est pas autre chose que l'adaptation à une fonction spéciale. Lorsqu'on monte par exemple un escalier inconnu, on est, aussitôt après les premières marches, accommodé à leur hauteur, et l'on n'a plus besoin d'y penser. Ou bien, nous nous promenons avec quelqu'un dont le pas diffère du nôtre et, après quelques mètres, l'accommodation s'est produite. On donne le ton au chanteur et, aussitôt qu'il a la hauteur de la première note, il peut chanter la mélodie sans penser au rapport des autres notes à la tonique. Cela se règle de soi-même. James dit des arts manuels : « Lorsqu'un ouvrier reçoit un outil plus grand que celui dont il a l'habitude de se servir, et doit subitement adapter tous ses mouvements à sa grandeur, ou lorsqu'il a à exécuter une série de mouvements familiers dans une position contrainte du corps ; lorsqu'un pianiste rencontre un instrument aux touches d'une largeur ou d'une étroitesse inusitées ; lorsqu'un homme doit changer la grosseur de son écriture — nous voyons combien rapidement l'esprit multiplie une fois pour toutes, pour ainsi dire, toute la série de ses opérations par un facteur constant, et n'a plus à s'occuper d'ajuster les détails[1]. »

1. *Œuv. cit.,* vol. II, 197, note.

Pour ajouter encore d'autres exemples, je veux simplement mentionner le fait connu que lorsqu'on se met à parler une langue étrangère, on s'y accommode immédiatement et continue comme de soi-même à la parler, jusqu'à ce qu'on passe plus ou moins volontairement à une autre, ou qu'on s'arrête. Singulière encore la remarque qu'un certain nombre de personnes m'ont faite, qu'elles en arrivent involontairement à écrire de la même écriture que ceux à qui elles répondent.

Ces exemples, simplement pour montrer combien rapidement se produit l'accommodation. Cette accommodation n'est en réalité qu'une adaptation momentanée de l'organisme à une tâche spéciale; cela devrait aussi ressortir des exemples choisis. Et cette adaptation à une tâche spéciale n'intéresse pas seulement les organes qui servent le plus directement à son accomplissement, mais aussi les autres organes du corps; cela semble bien s'harmoniser avec le fait que l'accommodation d'un organe particulier ne se transmet pas à l'organe correspondant de l'autre moitié du corps (par exemple, du bras gauche au bras droit ou inversement), comme c'est le cas dans ce qu'on pourrait appeler le co-exercice (Mitübung)[1]. Il est en effet clair, par exemple, que le bras gauche du Discobole ne doit pas faire un mouvement symétrique de celui du bras

---

1. Ebbinghaus, *Précis de psychologie* (Paris, F. Alcan), p. 683.

droit, mais, comme les autres organes du corps, entrer au service du bras droit, se régler sur ses mouvements de façon à l'aider le plus possible.

Le réglage des autres organes sur celui qui pour l'instant est chargé de la fonction capitale peut être naturellement plus ou moins complet, et personne ne nie, par exemple, que le doigt peut accomplir toutes sortes de mouvements sans que l'état général ou l'attitude du corps en soient altérés à un degré sensible. Néanmoins, il ne sera pas inutile de se souvenir qu'une fonction quelconque peut, dans certaines circonstances, devenir la fonction capitale et régler toutes les autres sur elle-même ; il est, par conséquent, possible de caractériser un état ou une attitude, en nommant la fonction qui domine à l'instant donné, et de les considérer du point de vue de cette fonction. Celui qui court de toutes ses forces ne se peut mieux caractériser que comme « le coureur », celui qui pédale tant qu'il peut, « le cycliste » ; oui certes, et celui qui mange selon les principes de Bramsen, « le mâcheur », et ainsi de suite. Que l'on choisisse une fonction humaine quelconque, celle de l'orateur, du violoniste, du tireur — elle a son attitude caractéristique, à savoir, celle que l'organisme prend quand cette fonction devient souveraine.

Mais, comme on le sait bien, une fonction quelconque peut devenir routinière par la répétition, former comme des plis immuables dans lesquels l'individu tombe involontairement et demeure, tant qu'il n'est pas contraint d'en sortir. Or, de là découle encore que celui qui est ainsi adapté à une certaine fonction, répond à de nouvelles impressions et résout de nouveaux problèmes de la façon qui est le moins en conflit avec les plis de la routine. En d'autres termes : chaque nouvelle accommodation doit lutter avec celle qui domine à l'instant donné, ou est devenue habituelle.

Élucidons au moyen d'une petite expérience mentale. Supposons qu'un homme qui, par nature, a les mouvements vifs et ne va jamais qu'à grande allure, commence un beau jour à s'imposer un nouveau mode de se mouvoir. Il ne vole plus d'ici, de là, mais marche à pas comptés, dignes et paisibles. Peu importe la cause. Que, par une inspiration divine, il soit arrivé à la conclusion que ce pas et cette mesure sont précisément les seuls qui conduisent au salut, qu'il veuille imiter son supérieur, ou qu'il obéisse à quelqu'autre considération, cela est indifférent. Mais, ce qui est certain, c'est que le premier pas qu'il fait de cette nouvelle manière, l'accommode au second. Arrive-t-il parfois, au début, que le vieil Adam (son ancienne accommodation) l'entraîne au pas de course, il corrige à l'instant cette faute par un acte de volonté et, petit à petit, la nouvelle démarche prend l'ascendant. L'accommodation à ce pas et à cette mesure déterminés est devenue routinière. Mais, quand les mouvements de la marche se seront ainsi régularisés, les autres mouvements se mettront d'eux-mêmes d'accord avec les premiers. Pense-t-on que cet homme laissera jaser sa langue, aura le geste brusque? Non, son parler deviendra comme sa démarche, mesuré, calme et digne, et il soulignera ses mots par des gestes compassés et pesants. Ai-je besoin de dire que l'habitus mental tout entier de cet homme se transformera d'accord avec tout ceci? Pense-t-on, par exemple, que son goût musical restera le même qu'auparavant? Non, la musique à laquelle il se plaira maintenant sera celle qui s'harmonise le mieux avec son état d'âme fondamental, donc, celle qui précisément est apte à accompagner et à souligner le rythme ambulatoire qui, à l'origine, a provoqué cet état d'âme et qui en est, d'un autre côté, l'expression. Ainsi du reste. Il préférera en tout ce qui accentue le pli que sa personnalité a pris. L'accommodation constante à une certaine démarche a eu sur tout son être une influence accommodatrice, et il répond par conséquent à toutes les impressions et résout tous les problèmes d'une nouvelle façon.

On objectera que je simplifie considérablement la chose, ce que j'accorde immédiatement. Mais ce qui semble poussé à l'extrême lorsqu'il s'agit d'un individu, peut paraître une vérité banale lorsque l'on considère l'histoire du monde, où les petites accommodations individuelles se développent et se fixent par imitation réciproque, et ont enfin une expression visible et durable dans les produits de la culture humaine.

On a souvent remarqué que tous les produits d'une même période de la culture ont un certain caractère commun et spécial à cette période, et que l'on y peut trouver une certaine parenté même entre des œuvres appartenant à des arts différents. Je me permets de donner quelques citations.

Fechner remarque : « Aux époques où les gens portaient des perruques et des queues, toutes choses, peut-on dire, qui ont trait au goût, même celles d'un ordre très élevé, portaient également queue et perruque ; d'où les expressions, style à queue et à perruque, âge des queues et des perruques. Et, aux époques où l'on portait la tunique grecque et la toge romaine, tout s'harmonisait avec ce costume [1]. »

« Nous découvrons sans peine », dit Cherbuliez, « quelque ressemblance entre les tragédies de Racine et les paysages historiques de Poussin, entre une statue de Jean Goujon, un tableau du Corrège, et une symphonie de Haydn ; nous retrouvons dans les chœurs de Sophocle quelque chose du Parthénon, et, si nous avons une préférence marquée pour un certain genre d'architecture, il est facile à un bon juge d'en infé-

1. Fechner, Œuv. cit., I, p. 239.

rer quelle musique et quelle peinture nous aimons[1] ».

Écoutons encore Combarieu :

« Voici deux faits qui me paraissent significatifs. 1° Notre musique française, sous l'ancien régime, est pleine d'« agréments ». A chaque instant, la ligne mélodique s'infléchit pour faire des grâces : le coulé, le mordant, le grupetto, le trille, ce qu'on a appelé en français « broderie » et en allemand « *manieren* » (mot cruel !) y est prodigué.

Cet usage, que l'on trouve suivi jusque dans la composition pour orgue, vient sans doute du clavecin qui a été chez nous la base de l'éducation musicale, et dont les notes un peu courtes ont besoin d'être soutenues ou amplifiées par des accessoires ; mais ne trouve-t-il pas son explication dans l'état des mœurs sociales ? Ces « agréments » sont les papillottes, les rubans, les nœuds et les mouches d'une musique essentiellement mondaine, dont Saint-Aubin nous donne une idée exacte dans sa célèbre gravure, le *Concert* ; le bel esprit et la coquetterie des salons trouvent là leur équivalent. L'un des Couperins a écrit qu'en jouant, le clavecinistе doit regarder l'auditoire et lui sourire ; on devinerait cette règle, alors même qu'elle n'aurait pas été formulée. Très éloigné de l'âge où l'art était popu-

---

[1]. Cherbuliez, *L'Art et la Nature*. Paris, 1893, p. 8. Cité par L. Dugas, *L'Imagination*. Paris, 1903, p. 85.

laire. le musicien est alors fonction d'une élite aristocratique ; il ne vit que par elle et pour elle ; la préoccupation de plaire, par des moyens très doux, est la grande loi de son art, lequel nous paraît tout en révérences et en festons.

2° Parcourons maintenant le répertoire si considérable de la musique après 1793. Le style est tout autre. Plus d' « agréments » et de « manières ». Pendant la période révolutionnaire, l'art musical a pour caractéristiques l'abandon des gentillesses instrumentales, un enthousiasme naïf et déclamatoire qui se traduit par la franchise des rythmes, la simplicité de la ligne mélodique, l'emploi des masses vocales, l'ignorance ou le dédain des subtilités harmoniques. Comment nier la concordance de ces faits avec le changement de mœurs[1] ! »

Je crois qu'on cherchera en vain l'explication de ces faits et d'autres semblables, autre part que précisément dans des considérations analogues à celles que nous avons développées précédemment. A leur jour, la créature humaine est un instrument que l'on peut accorder en relâchant ou en tendant une seule corde, la tension des autres se réglant automatiquement en harmonie avec celle-ci. Et ainsi, le répertoire entier de la vie sonne différemment, uniquement selon l'accordage momentané de l'instrument.

[1]. Jules Combarieu, *La musique, ses lois et son évolution*. Paris. 1907, p. 207-8.

On ne doit naturellement pas oublier que ces instruments sont d'une perfection extrêmement variable, et que ce que nous disons ici ne s'applique qu'à des instruments idéaux. Mais, dans des considérations aussi générales, on doit précisément envisager des cas idéaux et laisser au lecteur le soin de la mise au point en ce qui concerne des instruments moins parfaits.

Cette accommodation des personnes, capable d'amener « une revision de toutes les valeurs », peut présenter tous les degrés de durée, depuis l'impression d'un instant, jusqu'à un état d'âme fondamental et perpétuel. Et, dans tous les cas, elle semble pouvoir résulter d'une seule et unique réaction, soit que cette dernière soit amenée par l'objet même dont il est question, soit par l'imitation de la réaction d'une autre personne sur ce même objet. L'histoire de la mode montre qu'on trouve beau aujourd'hui ce qui semblait laid hier; il est à peine un vêtement excentrique et incommode qu'on n'ait trouvé beau lorsqu'il était à la mode, ou pratique et conforme au corps humain, qui n'ait été considéré comme laid lorsqu'il était passé de mode. Comme se produit un tel revirement? A ce qu'il semble, de la façon suivante : à l'origine, il y a quelqu'un qui, pour une raison ou pour une autre, passe pour une autorité en affaires de mode. Un beau jour, il déclare que telle coupe, telle couleur, telle disposition, sont belles. Les autres imitent involontairement son attitude à cet égard, et en arrivent par là à voir la chose à sa façon, car la réaction peut, comme nous l'avons vu, déterminer l'aspect d'un objet pour nous, et surtout, la valeur que nous lui donnons. Le nouveau goût se transmet ainsi de l'un à l'autre, mais un changement de goût à l'égard d'une chose s'accompagne, tout au moins, d'une tendance à un changement envers d'autres choses. C'est ainsi que l'apparition d'une perruque peut créer une époque. Le fait que nous ne bouleversons pas tout ce qui nous entoure, chaque fois, par exemple, que nous achetons une nouvelle cravate, trouve une excellente explication, tout d'abord dans les difficultés économiques, et, d'un autre côté, en ceci que la plupart des hommes sont doués d'une heureuse faculté qui leur permet de supporter pas mal de désharmonie sans trop en souffrir. Que l'on ne puisse pas, alors, dans bien des cas, montrer le changement général de goût qui devrait résulter d'un changement sur un point particulier; cela n'ébranle pas la justesse de notre thèse, car une tendance ne cesse pas d'être un facteur dont il faut tenir compte, bien qu'elle soit tenue en échec par d'autres tendances.

On dit volontiers d'une personne que les autres imitent, qu'elle « donne le ton ». L'expression est extrêmement heureuse, car, de même que les organes vocaux du chanteur s'accommodent immédiatement par le fait d'émettre le ton donné, de même l'être tout entier de l'imitateur s'accommode par le fait d'imiter une seule et unique réaction chez un autre.

Il en est de même partout. On sait comment une conversion religieuse peut changer subitement l'aspect de tout et de tous aux yeux d'un individu, de sorte qu'il se sent « régénéré ». Mais il nous arrive bien, à nous tous, de nous régénérer de temps en temps. Cela se produit chaque fois qu'un événement ou un autre éveille en nous une nouvelle réaction, si pénétrante, que toutes nos autres réactions en prennent la marque. C'est ainsi qu'une joie intense ou un chagrin profond au sujet d'une circonstance quelconque, peuvent, tant qu'elles durent, changer notre attitude entière envers le monde. Un seul amour peut nous ouvrir les bras au monde entier :

> Whose eyes have I gazed fondly on
> And loved mankind the more!
> Harriet! on thine.....

dit Shelley, et Brand a peut-être raison :

> Aucune âme ne peut aimer toutes ses sœurs,
> Qui n'en a pas d'abord une seule chéri.

Inversement, des chagrins d'amour peuvent faire d'un homme un misogyne, ou même un pessimiste.

A chaque âme il existe bien une clef : tel ou tel la possèdent, seuls capables d'ouvrir ou de fermer cette âme au monde.

IX

LE MIME

Jetons un coup d'œil en arrière pour nous orienter. Nous en étions venus à ce résultat que le sens de certaines expressions extérieures de la vie mentale nous parvient sans intermédiaire dans ces expressions elles-mêmes. Il nous semblait *voir* directement la *joie* dans un sourire, *entendre l'ironie* dans une inflexion de voix, etc. Nous avons supposé que le contenu mental que nous trouvons dans une telle expression, provient d'une espèce d'écho, dans notre propre organisme, de l'expression vue ou entendue, écho que nous avons appelé imitation. Nous croyons avoir démontré que si nous détournons l'attention de l'expression donnée pour la ramener sur nous-mêmes, nous pouvons dans certains cas constater que l'expression perçue s'est emparée de notre propre organisme, et que nous nous sentons alors pénétrés de l'état d'âme caractéristique que nous avions cru trouver directement dans l'expression. En ceci semblent s'ouvrir de nouvelles perspectives, car l'imitation de la manière individuelle d'être et de s'exprimer, d'une autre personne, nous accommode d'une nouvelle façon à l'égard des choses. Mais, cette nouvelle accommodation amène une nouvelle manière de voir et de réagir, ce que nous avons essayé d'établir à l'aide des considérations qui occupent les deux chapitres précédents. Et, par là, semble s'offrir la possibilité d'une connaissance des autres individualités, qui ne s'arrête pas aux données, mais aille plus loin, une connaissance qui ne soit pas uniquement reproductive, mais productive, créatrice. Si, en percevant et en imitant l'attitude d'un autre en face d'un objet, à un moment donné, je participe à sa vue de cet objet, et à ses sentiments envers lui, ma connaissance est à peu près reproductive, en tant qu'elle est calquée sur ce petit fragment de la vie de l'individu en question ; c'est comme une mesure de sa mélodie vitale jouée sur mes propres cordes, naturellement avec le timbre de mon instrument. Mais, d'un autre côté, je suis, par l'imitation, accommodé de la même façon que l'autre, et dois, par conséquent, tant que cette accommodation dure, réagir en harmonie avec elle sur de *nouveaux* objets, et ainsi, être capable de « jouer » l'individu en question dans des situations où je ne l'ai jamais vu. De reproductif, je suis devenu créateur, et la connaissance que j'acquiers par là de l'être de cet autre, pourra même me surprendre : il me vient, par exemple, pour le compte de l'autre, une idée que je reconnais aussitôt comme étant sortie des profondeurs de son être, et qui, cependant, me le donne sous un jour tout nouveau. Je ne pourrais naturellement pas fournir la preuve que, dans la situation donnée, l'autre penserait, sentirait agirait nécessairement comme je le fais maintenant pour son compte à lui, et ma certitude immédiate concerne à vrai dire uniquement ceci : que je pense, sens et agis d'accord avec sa personnalité, *telle qu'elle s'est révélée dans l'expression qui m'a accommodé.*

On croirait qu'un aussi remarquable moyen de connaître les autres, aurait dû être découvert et consciencieusement employé il y a longtemps. Tel n'est pourtant point le cas. Il est bien vrai que la tendance humaine à l'imitation a de bonne heure attiré l'attention, mais la recherche de sa nature psychologique a été jusqu'ici plutôt superficielle, et, tant qu'il en sera ainsi, on ne pourra espérer l'employer systématiquement comme moyen de connaissance. Les exemples qu'on s'en soit ainsi servi sont très rares, et ont presque toujours été traités comme de simples curiosités, auxquelles on ne s'arrête qu'un instant sans prendre l'occasion de pousser soi-même les recherches plus loin. Telles, par exemple, les déclarations souvent citées au sujet de Campanella : « Cet homme, dit Burke, n'avait pas seulement fait de très exactes observations sur les visages humains, mais il était encore très expert à mimer ceux qui étaient à quelque degré remarquables. Lorsqu'il désirait pénétrer les tendances de ceux avec qui il avait à faire, il composait aussi parfaitement qu'il le pouvait sa physionomie, ses gestes, et tout son corps, à l'imitation exacte de ceux qu'il voulait examiner ; puis il observait avec soin le tour d'esprit qu'il semblait acquérir par ce changement. De telle façon, dit mon auteur, qu'il était capable d'entrer dans les dispositions et les idées des gens, aussi effectivement que s'il avait été changé en ces personnes elles-mêmes. J'ai souvent observé », continue Burke, « qu'en mimant l'air et les gestes de personnes irritées, placides, effrayées ou hardies, j'ai involontairement trouvé mon esprit tourné vers la passion dont je me forçais d'imiter l'apparence ; que dis-je, je suis convaincu qu'il est difficile d'éviter ce résultat, bien que l'on s'efforçât de séparer la passion de ses gestes correspondants[1]. »

Fechner, qui cite aussi le passage précédent, dit lui-même : « On peut, par l'observation de soi-même, trouver que l'*imitation* de l'expression corporelle d'un état d'âme étranger, donne une bien meilleure connaissance de ce dernier, que la simple vue de l'expression, en ceci qu'un

---

[1]. Barke, *The Sublime and Beautiful*, part. IV, sect. 4. Cité par Dugald Stewart, Œuv. cité, vol. III, p. 141 et par W. James, Œuv. cit., vol. II, p. 464. Cf. *The purloined letter*, Ed.-A. Poe.

faible écho de l'état d'âme étranger s'y associe en ordre inverse ; et, bien que ce fait ne soit pas généralement connu, il semble être d'une valeur générale. Si, par exemple, je marche derrière quelqu'un que je ne connais pas, et imite aussi exactement que possible sa démarche et son attitude, j'ai l'impression curieuse de sentir tout à fait comme la personne doit sentir; oui, de trottiner et de se tortiller comme une jeune fille, cela vous met pour ainsi dire, dans un état d'âme féminin[1]. »

De ces faits Fechner tire la conclusion suivante: « Si la connaissance d'un état d'âme étranger par son expression corporelle était aussi instinctive que l'expression elle-même, il ne serait pas besoin de l'imiter d'abord pour obtenir une connaissance plus exacte ». Il est à remarquer ici, que l'imitation parfaite n'est que la dernière phase d'un processus qui, ainsi que nous l'avons vu, commence aussitôt que l'impression est libre d'agir, et la supposition la plus naturelle semble bien alors celle-ci, que, puisque la connaissance profonde s'obtient par une imitation avancée, de même, la connaissance plus superficielle résulte d'un commencement d'imitation.

Or, il y a bien toujours eu des gens qui, de temps en temps, s'amusaient et amusaient les autres en imitant la voix, le parler, les jeux de

---

[1]. Fechner, *Œuv. cit.*, vol. I, p. 156-7.

physionomie, les gestes, toute la manière d'être et de s'exprimer de certaines personnes, et qui pouvaient même les « jouer » dans des situations où ils ne les avaient jamais vues. Ces *mimes* me semblent précisément être les gens chez qui il aurait fallu chercher des renseignements au sujet des questions qui nous occupent. Cependant les psychologues ne semblent leur avoir accordé que peu d'attention, sauf au point de vue des recherches sur la nature du comique, pour expliquer comment la mimique éveille le rire. On n'a pas, que je sache, daigné consacrer à l'état global du mime tandis qu'il s'occupe d'imiter un autre, une recherche pénétrante.

Dugald Stewart a cependant touché cette question, et je lui emprunte le passage suivant sur un acteur anglais qui vivait au commencement du xviii° siècle :

« Estcourt, dit Colley Cibber, était un homme si extraordinaire qu'il n'y avait pas un homme, pas une femme, depuis la coquette jusqu'au conseiller privé, dont il ne put contrefaire à l'instant la voix, l'air, le regard et tous les mouvements, après les avoir vus agir et entendus parler. Je l'ai entendu faire de longues harangues et développer divers arguments dans le style d'un avocat éminent, imitant avec tant de perfection les moindres traits et les singularités de son élocution qu'il en était réellement l'*alter ipse*, et qu'il eût été difficile de le distinguer de l'original¹ ». Sir Richard Steele, dans un article du *Spectateur*, a confirmé le témoignage de Cibber sur les talents mimiques d'Estcourt : « Ce qu'il y avait de plus remarquable dans cet artiste, c'est que dans ses imitations, non seulement il reproduisait la physionomie, les manières et les gestes des personnages, mais qu'il prenait en outre parfaitement *le tour de leurs pensées*, dans les scènes où il les faisait figurer, et où chacun d'eux, celui de l'esprit le plus cultivé, aussi bien que celui de l'entendement le plus grossier, parlait et agissait toujours conformément à son caractère¹. »

Que ce passage soit exagéré ou non, il contient précisément les traits qui caractérisent un bon mime, et peut en servir de modèle.

J'ai trouvé parmi mes compatriotes² plusieurs mimes habiles, et il m'est venu l'idée toute naturelle que l'expérience de ces gens était capable d'éclaircir les questions dont ce livre traite.

Neuf personnes, deux dames et sept messieurs, qui toutes s'adonnent plus ou moins au noble art de mimer les autres, ont eu l'amabilité de se mettre à ma disposition. Je procédai de la façon suivante : d'abord je rédigeai un questionnaire ; je le proposai ensuite à chacune de ces personnes oralement et en particulier, et pris moi-même note de leurs réponses aussi bien que je

---

1. Dug. Stew, *Œuv. cit.*, vol. III, p. 143.
2. Les Islandais. (Note du traducteur.)

pus, sans être sténographe. Tout se passa comme dans une suite d' « interviews ». Je préférai cette méthode à l'autre qui aurait consisté à laisser les personnes remplir elles-mêmes les questionnaires, pour cette raison que, dans un tel entretien, le psychologue entrevoit souvent comme dans un éclair des faits qu'il n'aurait pas devinés ou au sujet desquels il n'aurait pas pensé à questionner ; il peut alors saisir l'occasion de proposer de nouvelles questions et ainsi faire naître la lumière sur des choses que « l'interviewé » n'aurait pas voulu confier au papier ou dont il n'aurait pas compris la valeur. Beaucoup des meilleures observations se sont présentées de cette manière, et elles sont alors données ici comme personnelles.

Ces neuf personnes sont toutes gens cultivés et intelligents, et certaines ont fait preuve d'un remarquable don d'introspection. Elles s'intéressent toutes à l'art dramatique et quelques-unes ont joué dans des comédies de salon. En général, elles ont des facilités pour les langues et de l'oreille en musique, certaines même à un haut degré.

Les résultats de mes recherches furent les suivants :

Toutes ces personnes, sauf une, ont commencé de très bonne heure à imiter les autres. La plupart ont employé l'expression : « Aussi loin que je puis me rappeler. » Certaines racontèrent qu'elles s'étaient parfois surprises en train d'imiter ceux avec qui elles se trouvaient, par exemple, la démarche de quelqu'un qui les précédait, ou les inflexions de voix de leurs interlocuteurs. L'une d'elles raconta que, dans son enfance, lorsqu'elle avait à transmettre un message, elle imitait involontairement celui qui l'en avait chargée. L'envie d'imiter s'est fait sentir à voir des gens qui, à un point de vue ou à un autre, étaient caractéristiques. Chez quelques-unes, cette envie était si forte, qu'elles n'avaient pas le moindre égard aux personnes, et qu'elles la satisfaisaient, cette envie, même au prix d'une semonce ou d'une gifle. C'est ainsi qu'elles pouvaient imiter leur père, ou quelque autre de leurs proches, dont elles n'auraient jamais voulu se moquer. Certaines ont, dans leur enfance, connu d'autres mimes, et cela a été une raison de plus de cultiver cet art, mais jamais la première raison en date, ni la principale. Quelques-unes ont remarqué que l'imitation naissait aussi d'un désir de se rendre aussi claire que possible l'individualité des autres, et elles disaient avoir souvent en cachette cherché à imiter certaines personnes pendant qu'elles les avaient sous les yeux, ou immédiatement après, afin de se fixer leurs caractéristiques dans la mémoire. Un des motifs de l'imitation est naturellement chez tout le monde le plaisir qu'on en tire; de plus, l'envie de se perfectionner toujours en ce que l'on a une fois entrepris agit, cela va sans dire, ici comme ailleurs.

J'ai demandé si les sentiments du mime envers une personne pouvaient entraver l'imitation. Cinq ont répondu qu'il leur était toujours possible d'imiter quelqu'un, quels que fussent, d'ailleurs leurs sentiments à son égard; un de mes sujets croit qu'il lui serait très difficile d'imiter quelqu'un qu'il haïrait ou mépriserait, et trois disent ne pas pouvoir imiter ceux qu'ils aiment bien, et encore moins ceux qu'ils haïssent. Mais peut-être serait-il mieux de dire qu'ils ne peuvent pas le *vouloir*.

Beaucoup dépend de la façon dont on est disposé. L'imitation est d'autant plus facile que le mime est de meilleure humeur sans savoir exactement pourquoi. D'un autre côté, toutes les émotions ont une influence perturbatrice, cela d'autant plus qu'elles sont plus fortes. Cependant un de mes sujets a remarqué que, tout en étant de mauvaise humeur sans aucune raison particulière, il pourrait mimer, s'il le fallait, par quoi la mauvaise humeur serait chassée, pour revenir peut-être aussitôt qu'il cesserait. L'humeur mimique ne vient souvent qu'après de grandes contentions d'esprit.

Comment le mime s'y prend-t-il quand il veut imiter?

Tous, sans exception, ont répondu qu'ils cherchaient d'abord à se représenter aussi clairement que possible la personne en question, et ont déclaré voir et entendre très nettement en imagination, toutes celles qu'il leur est possible d'imiter. Comment ils procèdent pour les rendre, c'est ce qu'ils ne peuvent décrire autrement qu'en disant qu'ils les voient, les entendent, — et essayent ; le reste vient tout seul. Mais ils déclarent tous très positivement que leur attention n'est pas fixée sur leurs propres sensations kinesthétiques, mais bien sur l'idée du son, de la mine, des mouvements qu'ils veulent reproduire, et que l'imitation réussit d'autant mieux que l'attention est mieux saisie de cette idée.

Cinq des mimes déclarent que lorsqu'ils ont à faire à l'imitation d'un son, d'une mine ou d'un mouvement donnés, qu'ils ont entendus ou vus, cela réussit soit immédiatement, ou bien pas du tout. Et l'un d'eux remarque qu'il sent tout de suite s'il est capable ou non de rendre une personne, et croit que l'exercice ne sert guère à grand'chose, lorsqu'il s'agit uniquement de reproduire ce qu'il a vu ou entendu. Il va sans dire qu'il n'en est pas tout à fait de même, si l'on veut « jouer » des gens dans des situations nouvelles. Mais nous aurons à revenir sur ce point plus tard.

Je connais plusieurs exemples d'imitation réussie complètement dès le premier abord, et même venant tout à fait involontairement. Une des deux dames, par exemple, était une fois assise en face d'un homme qui était en train de manger. Ce dernier louchait terriblement, et, comme il cherchait à atteindre avec la fourchette un mets situé à sa gauche, il eut le malheur de se piquer la main droite jusqu'au sang. Peu de temps après, voulant montrer à d'autres comment l'accident s'était produit, et, remuant le bras pour indiquer comment le malheureux s'y était pris, la dame reproduisit involontairement sa mine avec grande exactitude et se mit à loucher, de sorte que les autres ne purent s'empêcher de rire aux éclats. Plus tard, elle s'amusa à jouer cette scène, et lorsqu'elle me raconta l'histoire et fit cette grimace, j'en fus presque effrayé, tant l'altération de ses traits fut profonde, et je ne pus douter un instant que l'homme devait avoir eu exactement cet air-là, ce que d'autres qui l'avaient vu m'ont confirmé.

La même dame devait une fois, dans un certain jeu de société, rire d'un rire de vieillard. Au même moment il lui vint à l'esprit un vieux doyen qui avait un rire très caractéristique, et ce même rire lui échappa involontairement.

Mais quelquefois le mime doit observer son objet un certain temps afin de bien s'en rendre maître. L'un d'eux raconta qu'il avait une fois imité un certain homme de façon à satisfaire les autres, mais qu'il avait constamment en lui-même le sentiment qu'il y avait quelque défaut dans l'imitation. Il attendait donc une occasion de faire de nouvelles observations, et, un jour qu'il vit cet homme avec un autre dans la rue, il le suivit, écouta sa voix, et l'imita tout bas. Il découvrit alors que, lui-même aussi bien que les autres qui s'essayaient à imiter cet homme, se trompaient sur la hauteur de la voix. L'homme avait la voix plus haute qu'il n'avait cru. Cette observation faite, tout le reste réussit mieux.

Le même mime remarqua qu'il pouvait rarement en imiter un autre immédiatement, par exemple, à la première rencontre. Il lui fallait d'abord s'essayer. Quelquefois il ne faisait que se donner beaucoup de peine sans aucun résultat, puis, un beau jour, il réussissait tout à coup après avoir cessé longtemps d'y penser.

J'ai demandé si la mine et l'attitude se règlent involontairement sur la voix, et si une attitude et une mine déterminées amènent une certaine voix.

Tous les neuf mimes furent d'opinion qu'il en est ainsi.

Cela est pourtant difficile à prouver. Puisque le mime observe en général simultanément la voix et l'extérieur, qu'il imite, c'est bien le souvenir de l'un comme de l'autre qui agit. Cependant, il fixe habituellement l'attention sur l'une de ces choses principalement, et l'autre suit involontairement. C'est ainsi qu'un des mimes a remarqué qu'il s'attachait surtout à la voix, mais moins à la mine, à la démarche ou aux gestes. Les traits de la bouche se réglaient sur la voix, de sorte qu'il n'avait pas à s'en occuper, mais il ajouta que le vrai regard, par exemple, l'aidait beaucoup, s'il pouvait l'obtenir. Plusieurs remarquèrent qu'il leur semblait quelquefois pouvoir reproduire correctement la voix, sans que toute la physionomie s'accordât avec elle. Cela est facile à comprendre, si l'on se rappelle l'indépendance relative de l'expression des yeux par rapport à celle de la bouche. Je dois pourtant ajouter qu'une des dames a remarqué que l'expression des yeux se réglait involontairement sur la voix, mais qu'il lui semblait aussi être nécessaire de se camper comme celui qu'elle imitait, et, en général, de se comporter comme lui envers son interlocuteur. Elle ne pouvait imiter la démarche d'un autre qu'avec le reste.

Quoi qu'il en soit, tous les mimes étaient d'accord sur ce point qu'ils ne pouvaient songer à se servir de leur voix propre en imitant les jeux de physionomies et les gestes de quelqu'un qu'ils n'avaient jamais entendu, ni conserver leur mine propre, en imitant une voix dont ils n'avaient jamais vu le possesseur.

Tous les mimes ont déclaré qu'ils se sentaient plus ou moins pénétrés de la manière de penser et de sentir de la personne en question. Cela n'atteint pourtant son comble que lorsque le mime est devenu maître de son objet et peut se donner tout entier à son rôle. En quoi consiste la métamorphose? C'est ce qui ressort bien de certaines expressions que je vais présenter.

Un des mimes dit, par exemple, qu'il faut faire place à celui que l'on imite, se laisser pénétrer par lui. Un autre, que ses pensées et ses sentiments prennent la nuance de celles de l'autre : « Il me colore, dans une certaine mesure. » Un troisième, que c'est comme si la personne était en lui. Un quatrième remarque : « Je ne peux pas attraper les expressions d'un autre, sans attraper aussi sa mine et ses gestes ; alors, il me semble que son âme est entrée en moi, et que je ne peux pas du tout employer mes propres façons de parler. » Un cinquième que j'interrogeai précisément sur cette dernière description, l'éprouva. Un septième me raconta une série d'exemples qui sont si caractéristiques, que je vais les citer.

Il avait imité un vieux, qui bavait en parlant, et avait alors bavé lui-même abondamment, sans que cela le gênât le moins du monde. Quand le vieux travaillait dans sa forge, les gamins de la ferme le taquinaient tant qu'il se fâchait parfois, au point de les poursuivre armé d'un fer rouge dont il voulait les percer. Et lorsque notre mime jouait le vieux dans cette scène en présence des mêmes gamins, il se sentait pénétré du désir de leur enfoncer le fer dans le dos. En imitant un homme qui s'imaginait excellent chanteur, mais ne l'était en rien, il se sentait plein de sa joie et de son orgueil. En psalmodiant la messe comme un certain prêtre, il se sentait devenir la piété et l'onction mêmes. Imitant l'allure d'un grand fainéant, il sentait la lourdeur et la fatigue dans tout son corps. Il remarquait que plus il entrait dans la peau de son homme, moindre devenait sa conscience de lui-même, et qu'il pouvait quelquefois s'oublier presque tout à fait.

Un autre raconta : « J'imite parfois un homme qui est extrêmement colère, et je m'irrite alors et m'échauffe tellement, qu'il m'arrive de transpirer de pure rage. Si je me fâche alors dans une conversation, c'est précisément des expressions dont se courroucerait cette personne, mais non pas moi. »

Que le mime, lorsque l'imitation réussit bien, est réellement pénétré de l'individualité de la personne qu'il imite, cela trouve également sa preuve dans la remarque, faite par plusieurs de mes sujets, que, si rieur que soit le mime par nature, il n'a pas un instant l'idée de sourire, bien que tout le monde autour de lui rie aux éclats de sa représentation. Plusieurs ont aussi remarqué qu'il leur faut un certain temps pour revenir à eux-mêmes. « L'émotion ne disparaît pas avant que le corps soit rentré en ordre », a dit l'un d'eux.

Nous disions tout à l'heure que l'imitation peut être créatrice aussi bien que purement reproductrice. Mais il est clair que l'on ne peut pas établir de distinction tranchante entre ces deux espèces d'imitation : elles glissent imperceptiblement l'une dans l'autre. Il y a cependant une différence marquée entre les mimes, à ce point de vue. Certains excellent à reproduire exactement ce qu'ils ont vu et entendu, d'autres à jouer des personnes dans des situations nouvelles.

Un des mimes, (étudiant en médecine), différait des autres en ceci qu'il prétendait, avant de pouvoir les imiter, devoir connaître les gens à fond, leurs préoccupations, manières de penser et de s'exprimer. Il avait donc l'habitude de les étudier longtemps, de les observer à plusieurs reprises, afin de trouver un nombre de plus en plus grand de particularités. Petit à petit, il se construisait ainsi une sorte de système et pouvait alors parler à leur manière et selon leur esprit. Il disait se graver fort rarement dans la mémoire des mots et des expressions afin de les répéter, mais il avait le sentiment de ce que la personne en question aurait dit de telle et telle chose. Par conséquent, il ne pouvait guère imiter une personne à première vue, non plus que jouer son allure extérieure seule. Il ne pouvait pas davantage imiter les animaux. Il est d'opinion que la ressemblance extérieure est toujours défectueuse, et que l'on croit en trouver plus qu'il n'en existe en réalité, parce que l'on est suggestionné par la parole. Il est donc clairement de ceux qui ne s'intéressent pas à la répétition pure et simple d'une personne, mais veulent la jouer dans des situations nouvelles, et toujours en harmonie avec son caractère.

Mais comment un mime s'y prend-il dans ce cas? Comment procède-t-il, par exemple, s'il a à faire un discours pour le compte d'un autre, sur un sujet dont il n'a jamais entendu cet autre parler?

Sur ce point tous sont d'accord. Ils se représentent la situation aussi bien qu'ils peuvent, considèrent toutes les circonstances. Ils voient alors en pensée la personne qu'ils veulent jouer, et toute sa manière d'être. Ils voient devant eux le modèle, et peuvent alors commencer. Aussitôt qu'ils ont pris le bon pli, leur état général change, les pensées, les mots, les gestes viennent spontanément; tout se suit. Quelques-uns ont remarqué qu'il convenait de ne penser qu'à la physionomie, à l'attitude et aux gestes, et non pas aux paroles. Cela ne serait qu'une gêne. Les mots viennent d'eux-mêmes, aussitôt qu'on a attrapé l'extérieur. Deux m'ont déclaré, sans que je les eusse interrogés sur ce point, qu'il leur était beaucoup plus facile d'attraper les sentiments et le tour de pensée d'une personne, après s'être habillé comme elle. L'un d'eux m'a fait cette remarque, approuvée par les autres, que parler pour le compte d'un autre, c'est comme parler une langue étrangère que l'on possède bien. Les mots viennent aussitôt que l'on commence, et l'on ne retombe pas dans sa propre langue. Et de même qu'on a quelquefois le sentiment de parler une langue étrangère exceptionnellement bien, de même le mime peut avoir celui de parler pour le compte d'un autre de façon à jeter un nouveau jour sur sa personnalité. J'ai demandé comment le mime pouvait savoir s'il avait réussi ou non dans sa représentation. Presque tous ont répondu qu'ils en avaient le sentiment immédiat. S'il ont cependant à justifier l'emploi de telle expression, inflexion de voix, etc., ils font appel à leurs souvenirs pour y trouver des analogies. Mais cela ne vient qu'après coup. L'un d'eux a remarqué que son criterium à lui, était que tout s'éclaircissait pour ainsi dire, dans le cas de la réussite ; et un autre trouvait sa pierre de touche en ceci, qu'il voyait et entendait en pensée la personne exactement comme il la jouait.

J'ai demandé à chaque mime, s'il lui semblait comprendre d'autant mieux les personnes qu'il s'appliquait plus souvent à les imiter, et s'il croyait comprendre mieux les gens qu'il était capable de mimer, que ceux dont l'imitation lui était impossible. Sept ont répondu oui à ces questions. Ils sont d'opinion que l'observation et la compréhension de la vie mentale des autres s'en trouve aiguisée, et que celui qui imite un autre sur un certain point, devient plus apte à comprendre comment il penserait et agirait sur d'autres points. Deux ont donné comme preuve le fait suivant : lorsqu'ils entendaient un de leurs modèles s'entretenir avec quelqu'un, il leur semblait pouvoir prédire ses répliques ; leur était-il annoncé que telle et telle chose lui seraient dites, ils avaient alors le sentiment de ce que serait la réponse ; tout, cependant, devenait encore plus clair, s'ils se composaient d'après la personne en question et la jouaient. Ils ajoutaient que, leur fallait-il, dans un jeu de société, improviser une histoire de voyage, par exemple, ils le faisaient plus facilement et mieux pour le compte d'un autre en l'imitant.

De ceux qui ne croyaient pas mieux comprendre les gens en les imitant, l'un ne s'est presque uniquement occupé que de mimer un seul individu, ce qu'il fait d'ailleurs admirablement. L'autre est l'étudiant en médecine, que j'ai déjà mentionné. Il déclare avoir le sentiment des personnalités et les comprendre aussi parfaitement, bien qu'il ne soit pas en état de les imiter. A-t-il raison ? C'est ce dont je ne m'aventure pas à décider ; mais, rappelons-nous seulement que, sur d'autres terrains, il nous arrive quelquefois d'avoir le sentiment que notre compréhension est parfaite, bien qu'à l'épreuve, elle se montre souvent inexacte et trompeuse. Tel *peut* bien être le cas ici.

Quelquefois, le mime semble se surpasser lui-même. C'est ainsi qu'une des deux dames croit avoir plus de voix en imitant une certaine chanteuse, qu'autrement. Son opinion personnelle est que cela provient d'un changement d'attitude, et peut-être aussi, de ce qu'elle n'est pas aussi scrupuleuse pour le compte de l'autre que pour le sien.

L'un d'eux a raconté que, lorsqu'il s'était entretenu avec un autre qu'il avait écouté attentivement, il lui arrivait quelquefois, au moment où, s'en allant, il se mettait à penser ses propres pensées, d'y entendre les inclinations de voix de l'autre.

Un autre a remarqué qu'il était hasardeux d'imiter longtemps une même personne, parce qu'on devenait alors, petit à petit, semblable à elle.

Je viens de résumer ce que j'ai appris de ces neuf mimes, et le lecteur peut maintenant voir pour lui-même si cela confirme les opinions que j'avais défendues auparavant. Pour ma part, j'en suis persuadé.

X

« JE NE COMPRENDS PAS... »

Toutes nos recherches semblent tendre à confirmer la thèse que nous avons proposée, à savoir que nous comprenons directement l'individualité des autres en devenant comme eux, et que nous devenons comme eux en les imitant. L'imitation existant à tous les degrés, depuis des nuances presque imperceptibles jusqu'à des métamorphoses complètes à l'image de l'objet imité, par où nous devenons comme « possédés » de cet objet, on a généralement passé sous silence les degrés faibles de l'imitation, et ainsi s'est trouvée masquée sa valeur comme moyen de compréhension. Mais je ne vois aucune raison de supposer que la compréhension fugitive de l'état d'âme d'un autre n'est pas de la même nature que la compréhension la plus profonde, de supposer que la tendance n'opère pas exactement dans la même direction que le mouvement qui est son résultat visible aussitôt qu'elle est assez forte. Il y a d'ailleurs encore quelques faits qui parlent en faveur de nos propositions.

Parmi les expressions corporelles des états d'âmes, il y en a plusieurs qui n'éveillent aucune tendance à l'imitation et qui ne se peuvent imiter de la même façon que les manifestations dont nous avons traité plus haut. Ainsi, par exemple, la rougeur et la pâleur, les larmes et bien d'autres choses. On ne rougit ni ne pâlit à l'imitation d'un autre, en le voyant, réellement ou par l'imagination, rougir ou pâlir. Les larmes ne nous viennent pas aux yeux en voyant celles d'un autre, si son visage est d'ailleurs vide d'expression. Mais ce qui caractérise ces manifestations et autres semblables qui ne se peuvent imiter, c'est précisément qu'elles ne se font pas comprendre directement, et ne peuvent être interprétées qu'avec l'aide de l'expérience. Une larme en soi n'est pas plus expressive qu'une goutte d'eau quelconque, et du fait qu'un autre rougit ou pâlit je ne puis tirer aucun renseignement sur son état d'âme si je ne le connais qu'imparfaitement : la colère empourpre certains visages et en fait pâlir d'autres. On est donc toujours indécis vis-à-vis de telles manifestations prises à part, tandis que le regard courroucé, par exemple, ne laisse aucun doute.

N'est-il pas remarquable que l'œil, ce miroir de l'âme, est dénué de toute expression lorsqu'il n'est pas vu dans son cadre mobile habituel? Si, en effet, on cache au moyen d'un masque, les sourcils, les paupières, etc., le globe seul de l'œil apparaît alors comme vidé de son âme. La raison n'en serait-elle pas que personne ne peut imiter la prunelle de l'œil d'un autre, tandis que le cadre, au contraire, est éminemment imitable et, partant, plein d'expression ?

On entend souvent : « Je ne comprends pas que tu puisses manger cela. » — « Je ne comprends pas que tu gèles par cette chaleur. » — « Je ne comprends pas que tu aies peur d'une malheureuse petite souris. » — « Je ne comprends pas ce que tu vois dans cette femme. » — « Je ne comprends pas que tu puisses rire d'une telle bêtise, etc., etc. ». Les exemples se multiplieraient à l'infini. On entend journellement et à mille propos, de semblables phrases. Qu'est-ce donc que la compréhension qui manque ici ?

Ce n'est pas la compréhension du rapport causal entre l'impression ou la situation d'un côté, et la réaction de l'autre. On ne veut pas par là constater son impuissance à démêler les processus physiologiques qui se produisent lorsque l'autre mange, claque des dents ou sursaute, car d'un point de vue physiologique, ces processus seraient aussi compréhensibles que les propres réactions de celui qui s'étonne sur l'objet donné ; il serait assurément tout aussi difficile d'expliquer pourquoi un individu ne voit rien dans une femme ou dans une plaisanterie, que de faire comprendre pourquoi un autre y trouve tant de choses.

Non, ces phrases et d'autres semblables expriment tout simplement que l'on ne peut pas réagir sur certains objets de la même façon qu'un autre. « *Moi*, je ne peux manger cela, geler par cette chaleur, avoir peur d'une souris, voir quelque chose dans cette femme, ni rire de cette chose ! » Voilà tout. Inversement, la compréhension serait parfaite à l'instant même où l'on réagirait exactement comme l'autre.

Toute fonction qui se peut volontairement ou involontairement imiter est donc en soi intelligible, au sens que nous donnons ici à ce mot. Et cette intelligence existera partout où une telle imitation aura lieu, qu'elle soit faible ou prononcée. Inversement, elle sera entravée au même degré que l'imitation qui lui sert de base. Or cela se produira chaque fois que l'organisme sera tellement occupé d'une autre fonction que les impressions, qui autrement inciteraient à l'imitation, n'auront pas de prise. On sait bien comment des impressions et des idées qui ont à lutter contre une prédisposition contraire éveillent le dégoût ou l'antipathie. C'est ainsi que je me rappelle combien je fus une fois irrité de voir, dans un tramway, mon vis-à-vis, une jeune dame, déchirer à belles dents et mâchonner de grand appétit un morceau de carte de visite qu'elle finit, je crois, par avaler. Mais pourquoi m'irritai-je tant ? Je ne me serais pas le moins du monde fâché si je n'avais pu voir ce qu'elle mâchait avec tant de satisfaction. Tout au contraire, j'aurais sympathisé avec son plaisir, d'autant plus que sa jolie bouche m'y invitait. Mais la pensée du papier dans la bouche éveille chez moi le dégoût, et cette réaction est précisément opposée aux tendances mimiques que la vue de sa mastication éveillait.

Il en est également ainsi dans d'autres domaines. On reste sans comprendre devant quelque manifestation de la vie qui glisse sur nous sans pénétrer, soit que cela provienne d'une irréceptivité constante, ou que l'on soit, pour l'instant, accaparé par autre chose. Si l'imitation a lieu involontairement malgré qu'elle aille à l'encontre de tendances profondes et fortes, on comprend jusqu'à un certain point, mais on ressent de l'antipathie pour l'objet, comme dans l'exemple dernièrement cité[1]. Dans le cas où l'imitation deviendrait si complète que toutes les pensées de l'individu se régleraient sur elles, il verrait les choses comme celui qu'il imite et l'antipathie disparaîtrait. On dit bien : « Tout comprendre, c'est tout pardonner ».

Ce qui manque le plus souvent dans le cas où l' « intelligence » dont il s'agit ici fait défaut, ce n'est pas l'aptitude à imiter la réaction prise à part, mais bien l'aptitude à se maintenir en-

---

[1]. Que l'antipathie aussi bien que la sympathie peuvent résulter de l'imitation involontaire, est soutenu par Sophie Bryant dans un article : *Antipathy and Sympathy*. Mind N. S., vol. IV, p. 365 et suiv.

vers l'objet dans l'accommodation amenée par l'imitation. Si je vois, par exemple, un ami lancer un regard tendre vers quelqu'un qui est derrière moi, je comprends certainement ce regard, lequel m'accommode d'une certaine manière. Mais si je me tourne et vois qu'il était adressé à une dame qui m'est antipathique, l'intelligence fait alors défaut, parce que je ne peux pas rester accommodé envers l'objet de la même manière que mon ami. Je crois de même qu'un acteur aurait beaucoup de peine à « comprendre » une déclaration d'amour qu'il ferait en scène, si sa partenaire lui répugnait.

Que l'incrédule ne puisse comprendre le fervent, cela provient de ce qu'il est accommodé différemment envers les objets que l'autre vénère. Mais qu'il suive le fameux conseil de Pascal[1], qu'il commence par imiter le croyant « en prenant de l'eau bénite, en faisant dire des messes, etc., » l'accommodation se fera petit à petit, se fixera, et il commencera à « comprendre ».

1. Voy. *Pensées de Pascal.* Havet, p. 262.

XI

L'INTELLIGENCE DE LA MUSIQUE

J'ai employé plus haut l'image des cordes musicales : nous sommes des instruments dans lesquels peut résonner la musique qui provient d'autres instruments, et j'ai maintenu que cet écho en nous de l'état d'âme des autres est précisément notre façon de les comprendre.

Si cette comparaison est juste, elle doit tout d'abord être valable là même d'où elle provient, dans le domaine des sons. Je dois chercher à expliquer brièvement ce que l'on entend quand on parle de « comprendre » la musique. C'est là un sujet qu'il est hasardeux d'aborder, surtout pour celui qui, ainsi que moi, ne peut se vanter de posséder les connaissances spéciales des professionnels. Mais j'essayerai de ne pas sortir des régions où un simple auditeur est en sûreté.

Mettons qu'un soliste chante une mélodie de façon à satisfaire tous les désirs du compositeur, et imaginons que ni le chanteur lui-même, ni l'auditeur ne comprennent un seul mot au texte que le premier chante. L'effet du chant sur l'artiste et l'auditeur dépendra alors presque exclusivement de la mélodie seule, car l'effet que pourrait avoir le son des mots en soi serait négligeable.

Si nous considérons maintenant le chanteur, il est bien, au pied de la lettre, un instrument résonnant. Une seule fonction l'accapare, chanter. La mélodie, pensée du compositeur, règne en souveraine dans sa conscience; elle accommode tout son organisme de la façon particulière qui est la condition indispensable pour que le chant sonne comme il faut et transmette à l'auditeur la pensée authentique du compositeur. Or, je crois bien que tous seront d'accord sur ce fait, que celui qui chante une mélodie de façon à ne rien laisser à désirer au compositeur lui-même, la comprend à fond, pendant qu'il la chante, et que la compréhension de cette pensée musicale ne peut guère aller plus haut.

Mais que se passe-t-il chez les auditeurs? Ils sont immobiles et silencieux. Ils écoutent. Imaginons qu'ils ont les mêmes dons musicaux que le chanteur et qu'ils écoutent avec une attention concentrée. N'entreront-ils pas dans un état d'âme semblable à celui du chanteur lui-même? Cela ne fait guère de doute. Mais il y a pourtant une différence. Chez le chanteur, la mélodie vient du dedans, il la sait d'avance. A l'auditeur, elle vient du dehors, elle coule des lèvres du chanteur. (Si l'auditeur connaît la mélodie, la différence entre sa situation et celle du chanteur s'en trouve encore amoindrie.) Mais, comme on sait, les impressions auditives éveillent en nous des tendances à l'imitation, qui innervent nos organes vocaux d'une façon qui nous amènerait à chanter à l'unisson, si ces tendances devenaient assez fortes, ce qui peut arriver d'ailleurs quand l'on n'y prend pas garde. Qui ne s'est pas, en joyeuse compagnie, surpris à faire chorus avant d'en avoir conscience? Ainsi l'état des auditeurs semble être du même genre que celui du chanteur, et lorsque Shelley s'écrie :

> The dissolving strain, through every vein
> Passes into my heart and brain!

notre comparaison de l'instrument s'applique bien, à ce qu'il semble, littéralement.

On objectera peut-être que ces tendances à chanter à l'unisson ne peuvent pas être très prononcées, puisque beaucoup peuvent en réalité entendre un chœur ou un orchestre et suivre toutes les parties à la fois, bien que personne ne soit capable de chanter à plusieurs parties. J'ai parlé à ce sujet avec quelqu'un qui est à la fois compositeur et chef d'orchestre accompli, et il est d'opinion que dans un tel cas on suit toujours en réalité une seule partie à la fois et qu'on lui subordonne, en quelque sorte, toutes les autres. Or l'on peut cependant, sans la moindre difficulté, passer d'une partie à une autre, ce qui semble montrer que les tendances qu'éveillent les sons d'une partie sont coordonnées avec celles qu'éveillent les sons de l'autre partie. Et, que ces tendances se supportent plutôt mutuellement, semble découler d'une observation que je dois au même chef d'orchestre, à savoir, que tel qui n'a pas appris une partie assez bien pour la chanter seul, la peut souvent chanter avec les autres voix.

Mais en quoi consiste alors l'intelligence d'une mélodie?

Nous approcherons de la solution en comparant l'intelligence d'une mélodie à l'intelligence d'un poème.

Un poème se compose de phrases, et chaque phrase, de mots plus ou moins nombreux. Chaque mot est le signe d'un concept ou d'un rapport entre des concepts. Mais le rapport entre les signes et le sens étant conventionnel, le poème ne peut être compris que par ceux qui connaissent le langage dans lequel il est écrit. Pour les autres, il faut traduire. On comprend donc le poème lorsque les mots éveillent les idées dont ils sont le symbole.

Il en est autrement d'une mélodie. Une mélodie ne se peut traduire. Ni les notes, ni les intervalles dont elle se compose, ne sont les symboles d'autres choses. La note *do*, par exemple, n'est le signe d'aucune autre chose, et l'intervalle *do-fa* ne signifie aucun rapport entre d'autres choses ou concepts. On peut naturellement se servir d'une note quelconque, et même de n'importe quelle mélodie pour signifier tout ce que l'on voudra. Le gong, les appels de clairon, les carillons en sont de bons exemples. Mais comprendre que l'on sonne la charge, ou qu'il est midi, est tout autre chose que comprendre la petite mélodie que joue le clairon ou que tinte la cloche.

Si la compréhension d'un morceau de musique ne consiste pas en ceci qu'il éveille chez les auditeurs différentes idées de choses autres que des sons et des accords, elle doit être liée à ces sons eux-mêmes, et pouvoir exister dans sa perfection bien que les sons seuls occupent la conscience. Le règne des sons doit se suffire à lui-même. On doit pouvoir penser avec des sons. C'est ainsi d'ailleurs que Combarieu[1] a dit : « La musique est l'art de penser avec des sons ».

Supposons que nous écoutions un morceau de musique que nous entendons pour la première fois. Nous ne percevons pas seulement comment chaque son, chaque accord s'ajoute de sa manière caractéristique, à ce qui précède, le remplace, le continue ou l'achève ; mais nous pressentons aussi, plus ou moins clairement, ce qui va venir. Ces pressentiments se réalisent souvent. Il arrive aussi qu'ils soient surpassés. Ce qui vient est peut-être alors quelque chose de génial, que per-

---

1. Œuv. cit., p. 16.

sonne n'aurait pu prévoir, mais qui se justifie immédiatement par sa propre présence. Le génial vient toujours comme un don magnifique, une grâce divine qui dépasse tout ce que l'on aurait pu désirer, attendre ou implorer. Quelquefois, au contraire, ce qui vient est au-dessous de ce qu'on attendait. Nous suivons ainsi le cours de la pensée musicale du compositeur jusqu'au moment où la dernière note la conclut. Il va sans dire qu'il nous arrive souvent à la première audition de rester en arrière, et qu'il faut alors entendre le morceau plusieurs fois pour le comprendre à fond.

Je ne vois pas que penser avec des sons puisse être autre chose que précisément un processus semblable à celui que je viens d'indiquer. Il me semble donc que comprendre un morceau de musique correctement consiste à l'entendre résonner dans sa propre pensée, comme dans l'âme du compositeur, à percevoir comment une chose s'ajoute à autre, préparée par ce qui précède et préparant ce qui suit, enfin, à voir comment chaque élément a sa valeur par sa fonction dans l'ensemble et s'explique par elle. Une mélodie, c'est comme un voyage d'agrément qui nous ramène au point de départ : chaque étape prise à part a bien son sens à elle, mais n'est complètement compréhensible qu'en raison du circuit total projeté.

Nous avons parlé plus haut de comprendre un

poème en ce qui concerne son contenu. Un poème a pourtant sa forme. Ses vers sont d'une certaine longueur, il a son rythme et ses rimes, etc. On pourrait s'imaginer un étranger, ne comprenant pas le langage, et néanmoins en état de comprendre la forme du poème pris à part. A force de l'entendre répéter, il pourrait observer ses particularités métriques, remarquer comment, là aussi, une chose répond à une autre et forme un tout caractéristique. A la fin, il serait capable d'en donner une analyse exacte, de montrer comment le poème est construit avec certains éléments métriques, qu'il pourrait nommer et décrire en détail. Mais cette analyse exacte ne serait qu'un éclaircissement plus complet de ce dont il aurait déjà eu l'impression plus ou moins vague à la première audition.

Il en est ainsi d'un morceau de musique. Là aussi, une analyse exacte peut montrer comment le morceau se compose de différents éléments, leur donner un nom et déterminer leurs rapports mutuels. Mais, par là, on ne fait que rendre compte de ce que perçoit directement celui qui entend le morceau et le comprend à fond.

Cela n'éclaire qu'un côté de la question ; reste à voir comment nous croyons trouver dans la musique toutes sortes d'états d'âme et d'émotions.

Chaque mélodie renferme sa nuance émotive particulière. Nous disons qu'elle est vive, enjouée, gaie, ou bien grave, triste, lugubre, douce ou bien mélancolique, etc. Ces façons de dire montrent bien qu'il nous semble que l'enjouement, la gravité ou la mélancolie, bref, la nuance émotive quelle qu'elle soit, réside dans la mélodie et en est comme inséparable. Cela est facile à comprendre si nous nous rappelons que la musique, au même degré qu'elle s'empare de la conscience, change l'état tout entier de l'auditeur. C'est la conscience de notre propre état que nous appelons nuance émotive. Mais, ainsi que nous l'avons remarqué plus haut, la nuance émotive produite par certaines impressions nous semble souvent résider dans ces impressions elles-mêmes, lorsque l'attention est fixée sur elles. De même que certaines impressions de paysage peuvent nous sembler douces, mélancoliques ou lugubres, lorsqu'elles nous ont mis dans un état d'âme doux, mélancolique, lugubre, de même les états d'âme qu'un morceau de musique éveille paraissent résider en lui-même, quoique les sensations qu'on trouverait comme éléments de tels états d'âme, relèvent de centres cérébraux autres que celui de l'audition.

On a souvent discuté la question de savoir si la musique peut exprimer des sentiments et des émotions déterminées, comme par exemple, l'espoir, la crainte, le désir, la mélancolie, l'amour, la haine, la colère, etc., et l'opinion générale semble être qu'elle n'en est pas capable. Mais, toute cette discussion me semble montrer que l'on ne s'est pas assez clairement rendu compte du point en question. Pour moi, il est presque évident que tout morceau de musique est apte à exprimer un état d'âme tout spécial, à savoir, celui que le compositeur lui-même y a trouvé, et qu'un bon auditeur y retrouve, chaque fois que ce morceau s'empare de sa conscience tout entière. Cet état d'âme est donc la propriété particulière du morceau, car un état d'âme exactement identique ne saurait certainement résulter d'aucun autre objet au monde. D'autres choses peuvent sans doute éveiller des états d'âme et des émotions comparables ou apparentés, mais jamais tout à fait les mêmes. Si l'on veut donc donner un nom à la nuance émotive exprimée par un morceau donné, on n'en saurait trouver de plus vrai que le propre nom ou numéro de ce morceau lui-même.

Je ne doute pas que les états d'âme que la musique peut ainsi exprimer, soient souvent plus ou moins apparentés à ceux que l'on a baptisés Amour, Colère, Espoir, Crainte, etc. Mais, s'imaginer qu'un morceau de musique donné puisse éveiller et, par là, exprimer, précisément le sentiment qu'un certain Pierrot a pour sa Colombine, ou la peur qu'une certaine personne a des rats, ou la colère qu'une certaine injure fait naître chez un tel, cela me semble aussi saugrenu que de croire que cette demoiselle, ces rats, ou cette injure, peuvent faire exactement la même impression que tels morceaux de musiques.

Ce que je viens de remarquer ne va pas le moins du monde à l'encontre de ce fait qu'un grand nombre d'œuvres musicales ont été composées pour un texte. Mais, du fait que toute œuvre musicale est au fond un tout indépendant qui doit se comprendre, s'expliquer et se justifier en soi, il ne résulte nullement qu'elle ne puisse se concilier avec d'autres œuvres d'art : elle peut, au contraire, être apte à agir dans le même sens qu'elles.

Que cela soit possible pour la poésie, se comprend aisément. Un poème peut avoir le même rythme qu'une mélodie. Voilà donc un élément commun. Lorsqu'un compositeur a pour tâche de mettre en musique un poème donné, le contenu du poème, sa forme, son rythme et ses rimes, le mettent dans un certain état d'âme d'où l'air doit sortir. Si l'air est réussi, cela devient apparent par le fait que le poème et l'air agissent ensemble et s'aident réciproquement. Leur source est commune. Dans le cas contraire, la désharmonie peut être criante, comme si l'on avait, par exemple, l'idée de chanter un De Profundis sur un air gai, ou un poème dont le sujet évolue sur une mélodie appropriée seulement à la première stance. C'est pourquoi l'on est obligé de composer jusqu'au bout lorsqu'on écrit un air pour un poème dont le sujet est une action progressive (cf. par exemple, « Le roi des Elfes » de Schubert).

De même que la musique peut ainsi coopérer avec la poésie, de même elle peut jeter sa lumière révélatrice sur les pages de la vie. Schopenhauer a dit : « lorsque une scène, une action, un événement, dans un certain entourage, se passent au son d'une musique adéquate, elle semble nous révéler le sens intime de toutes ces choses, et nous en donner le commentaire le plus juste et le plus clair; de même, celui qui se donne tout entier aux impressions d'une symphonie semble voir se dérouler devant lui tous les événements possibles de la vie et de l'univers : il est cependant incapable, lorsqu'il y réfléchit, d'indiquer aucune similitude entre ce jeu de sons et les choses qui lui apparaissaient[1] ».

Nous n'abordons pas ici les explications métaphysiques que Schopenhauer donne de ces expériences bien connues. Pour notre but, il suffit de remarquer que les effets extrêmement subtils de la musique sur notre organisme, les accommodations toujours changeantes qu'elle crée, doivent avoir une influence de grande portée sur

---

1. Schopenhauer, *Le monde comme volonté et comme représentation* (trad. fr., Paris, F. Alcan). Vol. I, p. 267.

le cours des idées. Toutes les réminiscences qui seraient aptes à provoquer des réactions semblables à celles qu'éveille la musique à cet instant, surgissent et cherchent à se laisser entraîner par le courant des sons. De là, l'essaim tourbillonnant d'idées et de lueurs de pensée qui escortent la musique. Elle semble pouvoir susciter toutes les légions de l'âme.

Ces idées tirées du sommeil par leurs rapports avec l'accommodation du moment, peuvent à leur tour, par association, en appeler d'autres qui, étant aptes à provoquer un état d'âme différent, ont une influence perturbatrice. J'entends « Le Matin » de Grieg, et il me vient subitement à l'esprit un certain lever de soleil par un beau matin d'été. Le rappel de ce souvenir s'explique facilement par le fait que le morceau de Grieg m'a accommodé à peu près comme le lever de soleil remémoré. Mais ce souvenir ne trouble pas nécessairement ma jouissance, il est comme un accompagnement provenant du domaine de la vue, adapté à la musique qui le dirige; son influence est donc enrichissante. Que ce souvenir en éveille un autre, par exemple celui d'un événement triste qui est arrivé le même jour, et je me sens peut-être insensiblement emporté loin de la musique dont ma compréhension se trouve troublée.

On discute quelquefois sur le point de savoir s'il convient qu'un morceau de musique ait un titre indiquant l'occasion dont il est né, et certains sont d'opinion qu'il vaudrait mieux se passer de tels titres parce qu'ils éveillent facilement des idées qui ne font que troubler la jouissance. Mais cela me semble douteux en bien des cas. Si le compositeur a donné à ses œuvres des noms expressifs comme « Le Matin », « Le Patineur », « La Marche Indienne », etc., on est fondé à croire qu'il voulait précisément nous indiquer les choses qui l'ont mis dans l'état d'âme d'où le morceau est né. L'auditeur est accommodé d'une certaine façon en lisant de tels titres sur le programme. Il sait dans quelle direction principale il doit se tourner, et le morceau a ainsi meilleure prise sur lui que s'il venait tout à fait à l'improviste. Il va sans dire que celui qui est assez musicien pour s'abandonner immédiatement à la puissance des sons, n'a pas besoin de cet aide.

Il est bien connu que la musique possède les moyens d'éveiller des idées assez précises de certaines phénomènes du monde extérieur, comme, par exemple la lumière et les ténèbres, certains mouvements — leur direction, leur forme, rythme, vélocité, durée — certains bruits de la nature, par exemple le grondement de la mer, le murmure du ruisseau, le mugissement de la cataracte, le sifflement du vent, le roulement du tonnerre, le chant des oiseaux, etc. ; le compositeur emploie souvent ces moyens à dessein pour nous donner ainsi des « peintures harmoniques ». Inversement, celui qui veut décrire l'effet de tels morceaux de musique s'empare volontiers des idées ainsi évoquées, mais elles sont aussi peu nécessaires que d'autres n'appartenant pas au domaine des sons, à la compréhension de la pensée du compositeur. Cette dernière brille sur le fleuve de l'harmonie comme l'arc-en-ciel sur la chute.

XII

L'INDIVIDUALITE DANS L'ŒUVRE

Jusqu'ici nous nous sommes occupés de la compréhension des expressions de la vie mentale telles qu'elles nous sont données chez des personnes vivantes et présentes. Nous avons parlé de la compréhension d'une mine, d'une attitude, d'un geste, de mots tels qu'ils coulent des lèvres de l'interlocuteur, de la musique telle qu'elle sonne en harmonie avec la pensée du compositeur, tout cela immédiatement perçu. Nous avons aussi remarqué que la compréhension de telles expressions suit les mêmes lois quand nous sommes en présence de leurs reproductions, par exemple, dans la peinture, la sculpture, le cinématographe ou le graphophone. En passant, nous avons montré comment cette compréhension peut mener, semble-t-il, à une connaissance plus créatrice de l'être d'autrui.

Il est pourtant bien connu que nous nous flattons de comprendre, non seulement les hommes que nous voyons et entendons ainsi de nos propres yeux et de nos propres oreilles, mais aussi ceux qui ont vécu il y a peut-être des siècles, malgré que nous n'ayons pas la moindre idée de leur extérieur ou du timbre de leur voix.

Reste à savoir de quelle espèce est cette compréhension. Il est clair qu'elle doit reposer sur quelque idée de ce que ces hommes ont fait. Ils ont dû laisser

> La marque de leurs pas sur les sables du temps[1].

De la grandeur des empreintes, de leur forme, de leur direction, nous devons nous faire une idée de la taille et de l'allure de ces hommes, ainsi que du but auquel ils tendaient. Que c'est en marchant sur leurs traces que nous apprenons le mieux à les connaître, voilà ce que j'ai l'intention de montrer.

La connaissance que nous avons des hommes avec lesquels nous n'avons pas eu de relations personnelles provient principalement de deux sources : ou bien elle nous arrive par l'intermédiaire du verbe, ou bien nous avons sous les yeux des objets qu'ils ont produits. Souvent, notre connaissance provient de ces deux sources à la fois.

Considérons d'abord les renseignements que peuvent donner les mots. Commençons par un exemple bien connu :

« Un homme descendait de Jérusalem à Jéricho et il tomba entre les mains des voleurs, qui

---

1. Longfellow.

le dépouillèrent, et qui, après l'avoir blessé de plusieurs coups, s'en allèrent, le laissant à demi-mort.

« Or, par rencontre, un sacrificateur descendait par le même chemin, et, quand il le vit, il passa de l'autre côté.

« Un lévite aussi était arrivé en cet endroit-là, et voyant cet homme, passa tout de même de l'autre côté » (Saint Luc, X, 30, 32).

De quelle espèce est maintenant notre compréhension du sacrificateur et du lévite? Nous les connaissons et les comprenons tous les deux également bien ou mal. Ce que nous savons, c'est que tous deux, voyant un homme dans une certaine situation, ont passé de l'autre côté. Nous « comprenons » bien qu'ils ont passé de l'autre côté, car nous connaissons une foule d'exemples semblables dans la vie journalière. Qui n'a vu, par exemple, un monsieur à la mine prospère passer de l'autre côté en voyant un malheureux affamé, sans lui donner le sou qui l'aurait peut-être sauvé de la mort par la faim ? Notre compréhension du sacrificateur et du lévite consiste donc en ceci, que nous rangeons leur réaction sur la situation donnée, dans un groupe d'actions que nous savons se produire journellement sur cette terre et dont nous ne nous étonnons par conséquent plus. — Supposons que nous en apprenions davantage ; qu'il y avait un peu plus loin une vingtaine d'hommes encore plus grièvement blessés que le premier, et que le sacrificateur et le lévite en avaient été avertis et s'empressaient de leur porter secours. Dans ce cas nous « comprendrions » aussi leur façon d'agir, car nous savons bien que l'on sacrifie souvent, et avec justice, un bien moindre pour un plus grand. Le groupe où nous rangeons maintenant le sacrificateur et le lévite est mieux circonscrit qu'auparavant. Nous savons qu'ils sont de ceux qui s'efforcent de réparer le malheur et courent au plus pressé. Mais nous n'avons encore rien appris de l'individualité du sacrificateur ou du lévite. Ils ne sont encore que des grandeurs que nous pouvons substituer l'une à l'autre. Si nous apprenions, au contraire, que le lévite passait de l'autre côté pour d'autres raisons, qu'il se pressait, par exemple, vers une noce, nous le rangerions, il est vrai, dans une autre classe d'hommes, à savoir, ceux qui préfèrent les fêtes aux œuvres charitables ; mais, ici encore, nous pourrions lui substituer un homme quelconque de cette même classe. Chaque nouveau renseignement sur les motifs de cet homme, nous permettrait de resserrer de plus en plus les limites de son individualité ; mais cette dernière elle-même ne commencerait à poindre que lorsque nous serait donnée une expression personnelle de cet homme, ou bien dans le cas où le style du conteur s'inspirerait de son héros. Et cependant, tant que nous n'avons pas ces paroles prononcées exactement à la manière de la personne en question, son individualité nous échappe. Ainsi donc : montrez-moi *comment* le sacrificateur a passé de l'autre côté, faites-moi voir le regard qu'il a jeté sur le blessé, entendre la parole qu'il a pensée ou laissé tomber à cette occasion, avec son accent exact. Alors seulement, je le comprendrai dans son individualité caractéristique.

De même que la connaissance d'une personnalité reçue par l'intermédiaire du verbe, peut, en partant d'une idée tout à fait abstraite et générale, s'approcher graduellement du concret et de l'individuel, qui se doit percevoir et comprendre de la manière que nous avons montré, ainsi, les vestiges qu'un homme a laissés dans ses œuvres, peuvent nous conduire plus ou moins près de l'individuel et du personnel. Ceci ressortira mieux de quelques exemples.

Nous apprenons, par exemple, qu'un homme a soulevé une pierre d'un poids donné à une hauteur donnée; personne jusqu'ici n'a pu répéter cette prouesse. — Ce n'en est pas moins une œuvre hautement impersonnelle, car la force corporelle exigée se peut trouver jointe, autant que l'on en peut juger, à toutes sortes de qualités mentales, quelles qu'elles soient.

Nous voyons un clou sur un mur. Il ne nous dit rien de la personne qui l'a enfoncé. Est-ce l'âme d'un dictateur romain ou celle d'un esclave qui a dirigé le marteau, s'est-il écoulé une seconde ou un siècle entre chaque coup ? — c'est là ce que le travail accompli ne saurait nous montrer. Il est tout à fait impersonnel.

Un bas tricoté à la main nous en dit un peu plus. Nous voyons ici comment le travail a été exécuté ; l'égalité des mailles ou leur inégalité, leur serré ou leur lâcheté, des mailles sautées et autres défauts nous indiquent un peu *quelle espèce* de personnalité a manié l'aiguille. Mais qui sait si une foule d'autres personnes n'auraient pas pu tricoter un bas donné de la même façon? Donc, dans ce cas encore, le travail ne porte pas de marque personnelle indubitable.

Si nous prenons un silex travaillé de l'âge de pierre, ou bien un portrait peint par un artiste exercé, ou encore l'écriture d'une lettre provenant d'une personne cultivée, nous avons tout autrement le sentiment d'être en face d'une œuvre personnelle. Reste à savoir comment nous arrivons le plus sûrement à nous rendre un compte clair de la personnalité dont l'œuvre témoigne.

Un auteur, qui s'est occupé des premiers tâtonnements de l'art à l'âge de pierre, dit très bien :

« Un résultat à peu près satisfaisant ne se pourra obtenir qu'en se servant de *tous* les moyens qui sont à notre disposition. Il nous faut donc, en premier lieu, apprendre nous-mêmes à connaître les objets, étudier les demeures des plus anciens hommes, nous mettre à l'œuvre, et travailler nous-mêmes le silex, l'os et le bois. Alors seulement, nous pouvons espérer nous faire une idée des sensations, de la pensée, des sentiments, des observations, des découvertes, des trouvailles et du but de l'homme primitif des âges préhistoriques, et avoir un aperçu dans son âme. Il semble peut-être paradoxal, au premier abord, de prétendre qu'un silex mort nous puisse révéler l'âme vivante d'un homme, mais « si les hommes se taisent, les pierres parleront » — et l'on s'étonne de toutes les choses imprévues que peut dire un silex que l'on travaille soi-même, ou une dalle que l'on grave et peint avec les moyens dont disposait l'homme paléolitique[1]. »

La voie ainsi indiquée, à savoir, chercher avec les mêmes moyens que l'artiste, à produire le même résultat, et par là obtenir un aperçu dans sa mentalité, s'efforcer de le comprendre en agissant comme lui, cette voie-là me semble être celle qui peut nous mener le plus prêt du but. Plus l'œuvre est personnelle, plus est grande la concentration de toutes les forces de l'individu exigée pour la reproduire avec quelque approximation et aussi pour en comprendre la marque individuelle.

Nous venons de mentionner un portrait peint par un artiste exercé comme exemple d'un travail personnel.

[1]. Max Verworn, *Die Anfänge der Kunst. Ein Vortrag.* Jena, 1909, p. 3.

« L'art de peindre, dit Eugène Fromentin, est peut-être plus indiscret qu'aucun autre. C'est le témoignage indubitable de l'état moral du peintre au moment où il tenait la brosse. Ce qu'il a voulu faire, il l'a fait ; ce qu'il n'a voulu que faiblement, on le voit à ses indécisions ; ce qu'il n'a pas voulu, à plus forte raison, est absent de son œuvre, quoi qu'il en dise et quoi qu'on en dise. Une distraction, un oubli, la sensation plus tiède, la vue moins profonde, une application moindre, un amour moins vif de ce qu'il étudie, l'ennui de peindre, et la passion de peindre, toutes les nuances de sa nature et jusqu'aux intermittences de sa sensibilité, tout cela se manifeste dans les ouvrages du peintre aussi nettement que s'il nous en faisait la confidence. On peut dire avec certitude quelle est la tenue d'un portraitiste scrupuleux devant ses modèles[1]. »

Est-il possible de douter un instant que celui qui lui-même copie bien un tableau, apprend par là à connaître la personnalité du peintre, telle qu'elle se révèle dans cette œuvre, mieux que le simple spectateur qui ne serait pas capable de la reproduire ? Je ne le crois pas. S'il est vrai que les mouvements de la main, visibles sur la toile, étaient conditionnés dans leur particularité par l'état tout entier du peintre au moment où il travaillait, ces mouvements doivent, inverse-

---

[1]. Eug. Fromentin. *Les Maîtres d'autrefois* (p. 120). Cité par Eug. Véron, *L'esthétique*. Paris, 1890, p. 157.

ment, lorsqu'ils sont reproduits par le copiste, tendre à le mettre dans le même état. Ce que l'œil voit d'état d'âme dans une ligne est comme un chèque que nous pouvons échanger pour l'or des émotions artistiques en retraçant nous-mêmes cette ligne. Ici encore, apparaît ce que nous avons établi : on comprend un autre au même degré que l'on devient semblable à lui et que l'on agit comme lui.

Et l'écriture? Comment peut-elle, en soi et par soi, nous renseigner sur la personnalité de celui qui a tenu la plume? Tout comme le tableau sur celle du peintre. Si le caractère de l'écriture n'est pas conditionné par l'état tout entier de l'écrivain au moment donné, nous ne pouvons avoir aucun espoir d'apprendre quoi que ce soit sur son individualité. Ainsi donc, écrivez comme cet homme et vous entrerez dans un état semblable à celui qui a donné à son écriture son caractère particulier. Mais pour pouvoir espérer un bon résultat, le mieux serait de se servir des mêmes instruments que lui et de la même manière que lui.

Objecte-t-on que les sages graphologues ne se sont pas servis de cette méthode, je réponds que la raison doit en être, ou bien que cette méthode est certainement difficile en pratique, ou bien que les graphologues n'ont pas vu clairement les principes sur lesquels leur science repose. Que pourrait bien signifier cette proposition, que l'écriture est l'expression du tempérament de l'écrivain, sinon précisément ceci : comme on écrit, ainsi on agit à d'autres égards ; et dire que nous agissons comme nous écrivons ne saurait être autre chose que dire qu'une personne qui s'appliquerait de toutes ses forces et réussirait à écrire exactement comme une autre, se trouverait par là accommodée de la même façon et, par conséquent, accomplirait d'autres fonctions en harmonie avec cette accommodation. Je ne vois pas quel autre rapport constant se pourrait imaginer entre le tempérament et l'écriture. Et si, en agissant de la même façon que l'écrivain, on ne se peut pas rendre compte de son état au moment où il écrivait le manuscrit en question, je voudrais bien savoir comment il se fait que les vestiges que cette fonction a laissés sur le papier parlent une langue plus claire que la fonction elle-même.

Étant admis que la meilleur façon de comprendre un autre est de le copier dans tous les cas où le mouvement individuel s'est pour ainsi dire matérialisé dans l'œuvre elle-même, il reste encore à savoir ce qu'il en est dans les autres cas. Prenons, par exemple, une œuvre architecturale. Ne comprendra-t-on pas un architecte qui a construit un hôtel de ville, à moins que l'on n'en bâtisse soi-même une copie exacte avec les mêmes matériaux ? Certes si ! Mais il importe de se rendre bien compte de ce que l'hôtel de ville nous peut apprendre concernant l'architecte. En quoi a consisté la tâche de l'architecte? Dans la résolution d'un certain problème, à savoir, comment, sur une superficie donnée, dans un certain entourage, sous un certain climat, avec des matériaux déterminés, pour une somme fixée, construire un bâtiment destiné à certains usages. C'est en grande partie un problème de mathématique ou de mécanique qui se peut résoudre à l'aide de symboles. Nous comprenons la solution également bien en nous représentant l'hôtel de ville à une grande ou à une petite échelle. Pour la comprendre, et par là l'architecte lui-même, il nous faut connaître tous les facteurs dont ce dernier avait à tenir compte. Nous comprenons cette suite d'opérations mathématiques de la même façon que n'importe quelle autre : en refaisant tout simplement les opérations nous-mêmes. Si le problème de l'architecte se pouvait résoudre de plusieurs façons avec les moyens donnés, ce qui est bien généralement le cas, nous pouvons voir, au choix qu'il a fait, à *quel genre* d'intelligence nous avons à faire, mais pour l'individualité, nous ne la trouverons jamais dans une telle œuvre, pas plus que, par exemple, dans les mathématiques.

Que les mathématiques sont impersonnelles, veut simplement dire qu'à la solution d'un problème de mathématique on ne peut pas voir le caractère de l'individualité. Une proposition mathématique garde toujours le même sens, et ne prend pas différentes nuances selon la façon dont elle est énoncée. Elle signifiera la même chose pour un esprit qui la pénétrerait en une seconde, et pour un autre esprit si tardif qu'il mettrait un jour entier à la suivre jusqu'au bout. Mais là où la vitesse, le rythme, l'accentuation ne jouent aucun rôle, nous sommes au delà de l'individuel, dans la nuit où tous les chats sont gris.

Que l'individuel ne se peut trouver que là où l'homme tout entier est engagé par la fonction exercée, cela ressort aussi du fait que toute fonction nous semble impersonnelle au même degré qu'elle est uniforme, stéréotype, mécanique. On peut quelquefois, en entendant les cris des marchands des rues, être saisi d'un sentiment de pauvreté mentale, comme si c'était le dernier écho d'une âme qui meurt.

Le résultat de nos considérations semble donc être que le meilleur moyen de comprendre les autres par leurs œuvres est de copier ces dernières. Jusqu'à quel point on peut, de cette façon, s'approcher de l'individuel, dépend du genre de l'œuvre, et de combien elle est capable d'être marquée au coin de la personnalité.

Il ne devrait guère être nécessaire d'insister davantage sur ce point : toute compréhension de l'individualité d'un homme est une compréhension de cet homme lui-même tel qu'il se révèle dans une expression, une action ou une œuvre bien déterminées. Nous ne pouvons pas comprendre une individualité « en général » ; il nous faut au contraire prendre une seule chose à la fois, car « nous connaissons en partie ». Juger le caractère tout entier d'un homme d'après une action, ou une expression, ou une œuvre isolée, reposerait sur une hypothèse dont la justesse est improuvable, à savoir, que cet homme est tout d'une pièce, c'est-à-dire que sa personnalité est toujours en accord avec elle-même.

Il ne sera pas maintenant sans intérêt de voir comment la compréhension de la personnalité par ses manifestations se produit dans les cas où ces dernières nous sont données en symboles, symboles qu'il faut convertir en actions individualisées.

C'est là justement en quoi consiste l'art du musicien, du déclamateur, de l'acteur. Chacun d'eux a devant lui une suite de symboles qu'il doit convertir en actions vivantes, mais cela se peut faire de différentes manières. Le musicien a bien devant lui, en noir et en blanc, des indications qui lui donnent les limites dans lesquelles il doit se mouvoir, mais son jeu peut, sans en sortir, varier à l'infini. Il n'y a cependant, en réalité, qu'*une* manière absolument juste de jouer ou de chanter un morceau, à savoir, celle qui réalise parfaitement et complètement la pensée du compositeur. Mais le musicien ne peut jamais avoir la certitude absolue d'avoir attrapé cette manière, à moins de donner une audition au compositeur lui-même. Le jeu auquel il s'arrête définitivement est toujours obtenu par une série d'expériences. C'est seulement en s'essayant qu'il trouve la solution à la fin satisfaisante, et à laquelle il doit par conséquent s'en tenir.

Et le déclamateur ? Comment trouve-t-il la bonne façon de dire ? Il doit bien prononcer chaque mot, chaque phrase de la façon qui rend le mieux la pensée et l'état entier du personnage. Quand nous entendons un autre parler, le temps, l'accentuation, les inflexions et le timbre de la voix nous renseignent sur son attitude à l'égard de ce dont il parle. Mais rien de tout cela ne se voit directement sur les mots imprimés. Ces derniers rendent bien le sens objectif aussi clairement que les mots parlés, mais l'attitude et l'état entier du personnage, voilà ce que, pris en eux-mêmes, ils ne peuvent pas donner.

Prenons par exemple la réplique de Jatgeir au roi Skule :

Achetez-vous un chien, sire !

Qui voit cette réplique isolée, ne peut savoir comment il la faut prononcer. Il en comprend le sens objectif, mais non pas l'attitude de celui qui parle, et cette dernière peut être aussi diverse qu'il y a de manières de dire la réplique. « Achetez-vous un chien » peut ainsi, en recevant tour à tour l'accentuation principale sur chacun des quatre mots, sembler engager l'interlocuteur à : 1° *acheter*, non pas ravir, voler, ou recevoir en cadeau, 2° *pour soi*, non pas pour un autre, 3° *un*, pas davantage, 4° *chien*, non pas une autre créature. Et tout comme l'accentuation variée peut faire apparaître la pensée sous différents jours, de même le temps, les inflexions, le timbre peuvent rendre les sentiments et l'attitude du personnage à l'égard de ce dont il parle ou de celui à qui il s'adresse. Or il est bien connu que l'on prononce toujours avec naturel et expression une parole qui jaillit de l'état momentané tout entier. En y regardant de plus près, la difficulté pour qui doit dire une réplique donnée, consiste donc à entrer précisément dans l'état dont cette réplique est sortie, et d'où elle résultera alors spontanément comme en étant l'expression naturelle. Si l'on était, par exemple, dans l'état de Jatgeir au moment où il vient d'entendre le roi faible et irrésolu lui dire : « Il me faut autour de moi quelqu'un qui m'obéisse sans volonté propre, qui ait en moi une confiance inébranlable, s'attache à moi dans la prospérité comme dans le malheur, ne vive que pour éclairer et réchauffer ma vie, et pour qui il ne reste que la mort, si je tombe. Conseille-moi, Jatgeir le poète[1] ! » — Si l'on était dans cet état, disons-nous, on n'aurait aucune difficulté à prononcer la réplique : « Achetez-vous un *chien*, sire ! » car elle viendrait spontané-

1. Ibsen, *Les prétendants à la couronne*, act. IV.

ment avec l'intonation juste et pleine d'expression. On serait accommodé comme Jatgeir, et conséquemment obligé de dire sa réplique comme lui. L'accommodation juste crée à la fois la compréhension juste et la diction juste de la phrase. La question est donc de savoir comment se produit l'accommodation juste chez celui qui doit, par exemple, réciter un poème, de telle façon que les mots sortent de sa bouche aussi naturellement, avec autant d'expression, que s'ils découlaient de son propre état d'âme au moment où il déclame.

Nous savons que cela s'obtient par des tâtonnements. On parcourt d'abord le poème. Son rythme, sa musique, son sens objectif, mettent alors le lecteur dans un certain état qu'accompagne le sentiment plus ou moins clair de la façon dont il faut dire. Il ne s'ensuit toutefois aucunement que l'on soit capable de bien réciter. Entend-on cependant un autre déclamer ce poème ? on sait peut-être avec grande certitude dire que telle ou telle phrase sonne faux, sans être en état de la bien dire soi-même ou même d'indiquer comment il la faudrait dire. Et de même, quand on s'essaye soi-même, on remarque qu'on n'a pas réussi sans peut-être savoir clairement ce qui fait défaut. Cela provient bien du fait que la diction va à l'encontre du sentiment fondamental que le poème a éveillé. Aussitôt qu'on s'est rendu maître d'une phrase, aussitôt qu'elle sonne comme elle doit, on en a immédiatement conscience par le fait que le sentiment renforcit et s'enrichit. Tout devient en même temps plus clair. On s'inspire. La tâche se facilite merveilleusement alors, à condition que le poème soit un tout harmonique, car, en ce cas, une bonne prise sur un point donné amène l'accommodation à ce qui suit.

Le criterium du succès du déclamateur sera donc la plénitude et la clarté de la pensée, la richesse et l'unité du sentiment que le poème acquiert dans sa bouche, et pour lui-même et pour ses auditeurs. Et son rendement de l'œuvre sera bon au même degré qu'il pourra lui prêter toute son âme et tout son corps, devenir son porte-voix obéissant. Mais il n'est quand même pas certain que le déclamateur a rendu le poème en accord parfait avec la pensée de l'auteur. Peut-être a-t-il, pour ainsi dire, transposé la personnalité qui parle à travers l'œuvre. Et il est clair que cela doit être souvent le cas, là où il s'agit de convertir des symboles en actions individualisées.

La tâche de l'acteur ressemble à bien des égards à celle du déclamateur. L'acteur doit bien, d'une suite de répliques, créer une personnalité vivante. Une seule fonction, à savoir celle d'émettre les répliques données, doit faire naître une personnalité vraie.

Malheureusement on n'a pas, que je sache,

étudié à fond la question de savoir comment un acteur s'y prend pour créer un rôle. C'est chez les grands acteurs qu'on devrait chercher des renseignements. N'ayant pas eu jusqu'ici l'occasion de le faire, force m'est de me contenter des indications qui m'ont été fournies par cinq personnes (deux messieurs et trois dames) qui depuis longtemps jouent à Reykjavík ; mes procédés d'enquête ont été les mêmes qu'avec les mimes déjà mentionnés. Je me servirai également de l'intéressant article de Binet sur « Le Paradoxe de Diderot[1] », où il expose les résultats de ses entretiens avec neuf acteurs français.

Tout acteur commence naturellement par lire la pièce tout entière et y réfléchir. Il arrive ainsi à se former une idée provisoire des personnages, surtout de celui qu'il doit représenter, et des rapports de ce dernier avec les autres. Le cadre extérieur est bien donné, le sexe, l'âge, la position sociale des personnages, l'époque, le milieu. Tout cela agit sur l'acteur de la même façon que sur tout autre lecteur attentif de la pièce. Et petit à petit, le personnage prend forme dans sa pensée. Un des acteurs islandais s'exprime ainsi : « Après avoir lu une pièce dans laquelle je dois jouer, ou bien qui m'a beaucoup impressionné, il m'arrive généralement de voir devant moi un plus ou moins grand nombre des person-

---

1. *L'Année psychologique*, III (1896).

nages. Ceux-ci font alors relief sur l'ensemble ; assez souvent aussi je vois telle et telle scène, la position des acteurs les uns par rapport aux autres, et de tout cela sort l'apparence et l'allure des personnages. Ces images sont, il est vrai, vagues et brumeuses, mais presque toujours se présente d'abord ce qui exprime le caractère, le degré d'intelligence, les opinions, non pas la position sociale. Si je vois, par exemple, l'image d'un menuisier, c'est d'abord le jeu de sa physionomie, et, seulement plus tard, son accoutrement, sa démarche, ses gestes, son teint, sa chevelure, qui m'apparaissent. »

Les autres ont parlé dans le même sens ; « tout dépend de l'image », a dit l'un d'eux.

Nous avons vu comment l'imitation de l'extérieur d'autrui accommode le mime à une certaine façon de s'exprimer ; de même il semble, inversement, que, dans l'âme de l'acteur, il sorte des répliques données une image de l'extérieur du personnage, image qu'il cherche à rendre tout comme le mime son modèle. La différence entre l'acteur et le mime est donc, tout d'abord, que ce dernier a vu de ses propres yeux celui qu'il joue, tandis que l'acteur ne l'a vu que par la pensée, sans savoir d'où il vient. Cela semble d'accord avec ce qu'ont dit les acteurs français. M. Mounet-Sully a déclaré :

« La composition d'un personnage ne consiste

pas, suivant l'expression consacrée, à se mettre dans la peau du bonhomme ; c'est tout juste le contraire ; on évoque, on construit par l'étude historique, par des réflexions, etc., un personnage, et on fait entrer ce personnage en soi-même, on se fait hanter par lui ; on lui livre son corps et son âme, en essayant de supprimer, autant que possible, sa propre personnalité ; évidemment celle-ci ne disparaît pas entièrement ; il y a une combinaison entre le caractère du personnage évoqué et le caractère de l'acteur ; aussi deux acteurs ne jouent-ils pas un rôle de la même façon, pas plus que deux peintres ne font le même tableau du même modèle[1]. »

Mme Bartet dit :

« Je partage les idées et le caractère des personnages que je représente. D'ailleurs, je ne me borne pas à comprendre les actes et les sentiments de ces personnages, mais mon imagination leur en suppose d'autres, en dehors de l'action dans laquelle s'est enfermé l'auteur. Je les vois alors tout naturellement, agir, penser, et se mouvoir, conformément à la logique de leur caractère. Tout cela reste un peu confus d'abord, mais, dès que je possède mon rôle, dès que je suis devenue maîtresse de toutes les difficultés de métier qu'il comporte, j'ajoute mille petits

---

[1]. Binet, *OEuv. cit.*, p. 288.

détails insignifiants en apparence, et peut-être inappréciables pour le public, qui viennent relier entre eux tous les traits du caractère de mon personnage, et lui donnent de l'homogénéité et de la souplesse. Ce travail, qui consiste à aller à la découverte de tout ce qui doit rendre réel, logique, vivant, un personnage, est de beaucoup pour moi la partie la plus passionnante de mon art... Ce que je préfère, ce qui me passionne, c'est la *création,* c'est-à-dire, faire avec les mots d'un rôle un être doué de vie, doué de *ma* vie, auquel je prête *ma* figure, *ma* personne, *ma* façon d'être et de sentir, en les transposant et en les appropriant, bien entendu[1]. »

A la préparation en détail du rôle, s'applique bien à peu près ce que nous avons dit de celui qui doit déclamer un poème. Toutes les cinq personnes avec qui j'ai parlé, sont d'accord sur ce point que l'essentiel est d'avoir prise sur le rôle en un point donné, et que, cela fait, tout se facilite. Tous croient qu'un masque bien trouvé aide considérablement l'acteur à se mettre dans l'état d'esprit demandé.

Tous les acteurs français que Binet a interrogés, de même que les cinq avec qui j'ai eu des entretiens, s'entendent pour dire que l'acteur éprouve en jouant les émotions des personnages qu'il représente, tout au moins lorsque le jeu est bon.

1. Binet, Œuv. cit., p. 286-7.

Mme Bartet écrit :

« Oui, certes, j'éprouve les émotions des personnages que je représente, mais par *sympathie*, et non pour mon propre compte. Je ne suis, à vrai dire, que la première émue parmi les spectateurs, mais mon émotion est du même ordre que la leur, elle la précède seulement... La quantité d'émotion mise dans un rôle varie selon les jours, cela tient beaucoup à mon état moral et physique. Rien ne m'est plus intolérable que de ne rien ressentir, cela m'est arrivé très rarement pourtant ; mais chaque fois, j'en ai souffert comme d'une chose humiliante, diminuante, comme d'une dégradation personnelle[1]. »

Ces paroles se comprennent aisément. De même que les spectateurs sont émus par le jeu de l'actrice, par sympathie, c'est-à-dire, par une imitation involontaire, ou une tendance à cette dernière, de même c'est son propre jeu qui éveille en elle les émotions qu'elle ressent pour le compte du personnage[2]. Qu'elle n'éprouve pas ces émotions pour son propre compte, provient de ce qu'elles sont évoquées par des manifestations extérieures qui sont différentes des siennes propres.

Il va sans dire que l'empire que ces émotions prennent sur l'acteur varie suivant les individus,

---

[1]. Binet, *Œuv. cit.*, p. 285.
[2]. Cf. les paroles de Mme Talma, citées par Dessoir. *Œuv. cit.*, p. 343. « Ce qui me touchait, c'était l'expression que ma voix donnait aux douleurs d'Andromaque, non pas ces douleurs elles-mêmes... »

en raison inverse de la conscience plus ou moins claire qu'il a de lui-même par opposition au personnage qu'il joue. Les acteurs *peuvent* s'oublier totalement, tout au moins pour un instant, et ils n'observent pas alors le personnage qu'ils jouent, ils *sont* ce personnage. Cela est pourtant la dernière étape, qui, dans bien des cas, serait dangereuse, au moins pour celui qui joue un meurtrier[1]. M. Mounet-Sully dit :

« J'ai connu les fureurs du parricide, j'ai eu parfois en scène l'hallucination du poignard enfoncé dans la plaie[2] ». Il dit que les émotions qu'il éprouve en scène sont aussi fortes que les siennes propres. La plupart des acteurs les tiennent pourtant pour plus faibles, mais elles sont tout aussi fatigantes et peuvent en chasser d'autres. Des actrices m'ont raconté qu'elles étaient parfois entrées en scène souffrant de la fièvre, des rhumatismes, du mal de dents, mais qu'elles ne s'en apercevaient plus en jouant. Que l'acteur est réellement pénétré de l'être de son personnage, ressort aussi du fait qu'il conserve souvent cette même personnalité dans les entr'actes et, que, pendant la période où il est occupé d'un rôle, il pense et ressent souvent dans sa vie privée à l'instar du personnage qu'il devra jouer.

C'est ce que m'a confirmé l'excellent directeur et acteur Adam Poulsen de Copenhague: « Pen-

---

[1]. Cf. Dessoir, Œuv. cit., p. 352, note 14.
[2]. Binet, Œuv. cit., p. 290.

dant que l'on est à concevoir un personnage, on a son caractère dans le sang. On a la tête tellement remplie des manifestations de ce caractère que cela gagne nos propres pensées, et donne en des moments d'inattention le sentiment d'une sorte de folie soudaine envahissant notre vie habituelle. Lorsque l'on a accouché du personnage, cet état disparaît. Si l'on s'occupe de plusieurs rôles à la fois, on passe souvent de l'un à l'autre, si opposés qu'ils soient. »

Mais ces émotions diffèrent de celles que l'acteur ressent pour son propre compte en ceci également qu'il les a en son pouvoir et qu'elles sont par conséquent d'une nature plus fugitive. Quand nous sommes dans la vie de tous les jours tristes ou joyeux, cet état dure généralement un certain temps, parce que la conscience des circonstances qui l'ont créé persistent. Mais les émotions que l'acteur ressent et joue, sont liées à certaines répliques et actions ; éveillées par ces dernières, elles vivent et meurent avec elles. Ce sont des enfants du moment.

Quand on demande aux acteurs en quoi consiste le plaisir de leur art, ils répondent tous à peu près de la même façon. Le plaisir de s'oublier soi-même et de se métamorphoser, le plaisir de créer avec des matériaux donnés, une personnalité vivante, le plaisir de comprendre à fond une personnalité étrangère et de la rendre comme on l'a comprise — ce sont là, semble-t-il, des expressions diverses d'une seule et même chose : le plaisir de comprendre un autre totalement, en faisant passer sa personnalité en soi-même, en devenant comme lui. En d'autres mots : le plaisir d'être un instrument si riche que toutes les harmonies de la vie y peuvent résonner. Le grand acteur est-il autre chose au fond que le *lecteur* parfait, celui qui comprend avec toute son âme et tout son corps ?

XIII

PERSONNAGES LITTÉRAIRES

« Nous connaissons en partie ! » Ce que nous savons d'un homme, ce que nous avons observé et ce dont nous avons fait l'expérience chez lui, ce sont toujours des faits isolés, des fragments, des éclairs de sa vie et de son activité. Et cependant nous croyons parfois comprendre un autre à fond, avoir sous la main la clef de son être intime, et même être en état de prévoir comment il penserait, sentirait, agirait et s'exprimerait dans des situations où nous ne l'avons jamais vu. Il semble clair que l'explication de cet état de choses se doit pouvoir trouver en partant des faits que nous avons mis en lumière dans ce qui précède. En agissant à l'instar d'un autre sur *un point donné*, on s'accommode comme lui; si l'on se pense alors dans sa situation, la réaction résulte de cette situation et de l'accommodation donnée, comme la musique résulte de la touche du musicien et de l'accordage de l'instrument. « Je ne suis qu'un instrument... » chante Drachmann.

« Et nous prophétisons en partie ! » Que ces

prophéties ne se réalisent pas toujours, et que cette connaissance fragmentaire ne nous permette pas de prédire avec une certitude absolue, cela se comprend aisément. Car notre compréhension d'autrui par ses manifestations est en réalité apparentée à celle que le compositeur a d'un motif musical. Mais on peut, sur le même motif, composer différents morceaux, tous d'accord avec son caractère. Toute vie humaine est bien d'ailleurs composée sur plus d'un motif, c'est le plus souvent un morceau assez compliqué. Voilà pourquoi les éditions qu'on en trouve dans différentes consciences sont si variées. Tel a bien saisi tel fragment, tel autre, un autre, dans l'harmonie de cette vie, et tous deux ont développé le même motif fondamental.

Ne pourrait-on pas, à l'aide de ce point de vue, jeter quelque lumière sur la façon dont les personnages que la littérature a créés pour nous, ont surgi dans l'âme de l'auteur? Le poète ne serait-il pas justement un homme dans l'âme duquel une expression isolée peut devenir le germe d'une nouvelle personnalité? Le don poétique de former de nouvelles individualités ne serait-il pas seulement un développement ultérieur de la faculté que possède plus ou moins tout homme de comprendre l'individualité des autres [1].

Telle est mon opinion et je vais chercher à

---

1. Cf. « Quand je parle de gens que je connais, surtout lorsque je les veux faire connaître à d'autres, il se passe en moi la même chose que

présenter différents faits qui tendent dans cette direction. Loin de moi de prétendre résoudre, avec les faibles moyens dont je dispose, tous les problèmes de la psychologie littéraire. Je ne vise qu'à fournir quelques points de repère sur ce terrain encore trop inexploré.

Les germes de personnages littéraires peuvent avoir les origines les plus variées. Cherchons d'abord chez l'auteur lui-même.

En chaque homme, en un poète plus qu'en tout autre, résident des tendances variées, qui ne s'expriment jamais en actions, différentes possibilités qui ne se réalisent jamais. Elles végètent alors sous forme de vains désirs, qui de temps en temps montent à la surface pour être repoussés dans les profondeurs par la main de fer de la réalité. Que n'avons-nous pas, à des moments de faiblesse, désiré *être?* Tout cela nous aurions pu, en bien des cas, le devenir, aussi bien que ce que nous sommes devenus. Mais on ne peut devenir *à la fois et ceci et cela*. Il s'agit de l'un *ou* de l'autre :

> *Eng* ist die Welt, und das Gehirn ist *weit*.
> Leicht bei einander wohnen die Gedanken,
> doch hart im Raume stossen sich die Sachen;
> wo eines Plats nimmt, muss das andre rücken,
> wer nicht vertrieben sein will. muss vertreiben;
> da herrscht der Streit, und nur die Stärke siegt[1].

lorsque je peins des caractères la plume à la main; certains mots me viennent exprimant l'être intime de ces personnes, et à ces mots vient s'attacher le plus naturellement du monde une anecdote. » Friedrich Hebbel, *Tagebücher*, 1885, I, 120. Cité par Dessoir, *OEuv. cit.*, p. 251

[1]. Schiller, *Wallenstein*, 2ᵉ partie, act. II, sc. II.

« Notre caractère est l'effet d'un choix qui se renouvelle sans cesse [2]. » Chaque fois que nous faisons ce choix, nous donnons la préférence à une possibilité entre beaucoup d'autres, nous la plaçons sur le trône, nous l'élevons à la réalité, tandis que nous proscrivons les autres prétendants à la couronne. Mais, en regardant ces prétendants bien en face, ou bien en les élevant par l'imagination à un trône éphémère, en s'imaginant ce que l'on aurait fait dans telle ou telle situation, si l'on avait suivi les tendances que l'on trouve en soi-même, on peut évoquer le fantôme d'une personnalité, qui certes a bien un air de famille avec le moi officiel, mais qui n'en est pas moins une autre personnalité. Il est donc clair que l'auteur *peut* peindre des personnes qui en réalité ne sont autres que lui-même, tel qu'il serait devenu s'il avait obéi à certaines de ses tendances et s'il s'était trouvé dans les situations qu'il décrit. Il n'est point douteux que bien des personnages littéraires sont de cette origine. C'est ainsi que A. Binet et S. Passy disent de M. Henri Meilhac: « Son procédé pour écrire est d'une psychologie très simple : il consiste à exprimer les sentiments qu'il éprouve personnellement ; il imagine ce qu'il sentirait s'il se trouvait lui-même dans une situation donnée, et il traite la situation en

---

2. Bergson, *Le Rire*, p. 171 (Paris, F. Alcan).

conséquence. On a, en somme, le germe de tous les sentiments, bons ou mauvais, et on peut, avec quelque effort d'imagination, grossir ces sentiments, les porter au centuple, pour les donner à un personnage imaginaire[1]. »

Mais je croirais qu'il ne peut en être ainsi de *tous* les personnages que la littérature nous présente. Nous savons que les auteurs peignent souvent des personnes qu'ils ne traitent nullement comme leurs propres parents spirituels ; il y a des personnages littéraires que leur créateur lui-même ne s'est jamais cru capable de devenir en aucune circonstance. Qu'on ne croie pas que l'âme d'un auteur ne puisse fournir un bon terrain à d'autres semences que celles qui y gisent depuis l'origine. Pourquoi chercherait-il des héros dans le domaine de l'histoire, par exemple, s'il n'y trouvait que lui-même? Cela serait passer le ruisseau pour aller chercher de l'eau. Il n'est point nécessaire de parler la langue d'autrui pour exprimer ses propres pensées et sa propre attitude. Non, le poète qui choisit des personnages historiques en vue de son œuvre, s'anime bien en partie du même intérêt que l'historien : « Il n'est pas rare que des historiens aient débuté par des essais poétiques, et d'éminents poètes ont souvent donné une grande impulsion aux études historiques[2]. »

1. *Auteurs dramatiques*, L'Année psychologique, I (1894), p. 102.
2. Dilthey, *Beiträge zum Studium der Individualität*. Sitzungsberichte der kgl. preuss. Akademie der Wissenschaften, 1896, n. 13, p. 307.

L'historien ne croit évidemment pas se décrire lui-même en nous présentant un César, un Néron, un Catilina ou une Cléopâtre, et, dans son traitement poétique de ces personnages, l'auteur ne s'imagine pas davantage nous donner seulement une des nombreuses personnalités qu'il aurait pu être lui-même. Ce que visent l'historien et le poète, c'est comprendre ces personnages si fondamentalement différents qu'ils soient tout ce qu'ils ont jamais pu rêver pour leur propre compte. Tous deux cherchent à se dépasser, à penser et à sentir comme ceux qu'ils décrivent. Cette tâche est certes difficile. C'est pourquoi il arrive que le poète doute du succès de ses efforts lorsqu'il a dépeint des personnages d'une époque et d'une culture éloignées, qu'ils aient réellement existé ou non. Écoutons par exemple Flaubert sur le sujet de *Salammbô* : « Je ne suis pas sûr de sa réalité ; car ni moi, ni vous, ni personne, aucun ancien et aucun moderne, ne peut connaître la femme orientale, par la raison qu'il est impossible de la fréquenter [1]. »

La différence entre l'attitude de l'historien et celle du poète envers les personnes qu'ils décrivent, est bien tout d'abord que le premier est astreint à *tous* les faits historiques connus, et doit chercher à nous rendre claire la figure qu'il peint au moyen de ces faits, tandis que le poète

---

1. Lettre à Sainte-Beuve, décembre 1862.

se permet souvent de fermer les yeux sur certains détails contraires à l'opinion qu'il s'est formée, qui lui sont inutiles ; il invente aussi des situations capables de mettre en lumière les personnages tels qu'il les a compris.

« A quoi bon les poètes, s'ils ne font que nous répéter l'histoire telle que nous la trouvons chez les historiens ? Le poète doit aller plus loin et nous donner, si possible, quelque chose de plus élevé et de meilleur », a dit Gœthe une fois[1].

Certes, les problèmes et les sentiments qui, à une époque donnée, occupent et agitent un poète, déterminent bien vers quelles personnalités historiques se tourne son intérêt : il choisit de préférence celles qui ont personnifié en quelque manière ce qu'il a pour le moment à cœur[2]. S'il a pour son propre compte ressenti quelque chose de semblable à ce qui frémissait dans l'âme de son héros, cela lui sera d'un grande aide. Mais, s'il est vrai que les personnes qu'il décrit ne sont pas une nouvelle édition de lui-même, bien différentes au contraire de tout ce qu'il aurait pu devenir, il faut que leur individualité ait passé en lui par l'intermédiaire de ses manifestations. Leur originalité se cachait dans certai-

---

1. Eckermann, *Gespräche mit Gœthe* (31 janvier 1827). Concernant les opinions de Björnson et Ibsen sur ce point, voir Ch. Collin, *B. Björnson*. II Del, Kristiania, 1907, p. 290 suiv. Cf. H., Eitrem, *B. Björnson's Forhold til Kilderne i « Sigurd Slembe »*. Nordiskt Tidskrift (Letterstedtska), 1907, p. 545 suiv.

2. C., p. ex., l'avant-propos de la 2ᵉ éd. de *Gildet paa Solhaug* par Ibsen, et celui de *Judith* par Hebbel (Ed. Réclame).

nes manifestations portant leur empreinte personnelle. En recevant dans son âme ces germes de vie, le poète peut faire renaître les personnes dont ils proviennent. Tout comme Mounet-Sully protestait contre l'expression consacrée « entrer dans la peau du bonhomme », et prétendait au contraire que c'est le personnage qui doit entrer dans l'acteur, de même on doit certainement protester contre la même expression appliquée à un auteur. On ne peut pas plus, en imagination qu'en réalité, se glisser dans la personnalité d'autrui pour la comprendre, mais on peut faire entrer cette personnalité en soi, en être pénétré et, ainsi, la comprendre. Nous avons expliqué comment cela peut avoir lieu. Certes, les personnages que peint le poète, en se développant dans son sein, se nourrissent en quelque manière de son propre sang, mais n'en sont pas plus lui-même que l'enfant n'est la mère.

S'il en est ainsi des figures que le poète a tirées de l'histoire, ne doit-on pas s'attendre à ce que les personnages dont leur auteur lui-même ne sait pas la provenance, soient souvent nés d'une façon semblable ?

Quelquefois le poète part d'un problème psychologique ou d'une situation abstraite. Il sait alors peut-être quel genre de personnages il se propose de décrire, et a le sentiment de l'allure générale de son œuvre, mais il ne connaît pas encore personnellement ses héros. « J'ai une vue de ma pièce, dont je ne connais encore ni les moyens ni les personnages », dit F. de Curel[1].

Comment s'individualisent alors ces figures qui projettent leur ombre dans l'âme du poète avant de se présenter elles-mêmes ? ces personnes qui, aussitôt qu'elles sont là, ont leur physionomie et leur volonté propres, tellement qu'elles se tournent peut-être contre les intentions originelles de l'auteur ?

Il me vient à l'idée l'exemple déjà cité de la dame à qui l'on proposa, dans une réunion, de rire comme un vieillard, et qui par là se remémora un certain doyen de sa connaissance, dont le rire lui vint aussitôt aux lèvres. Ce rôle qu'on lui proposait tout général, fut par elle singulièrement individualisé. Supposons qu'elle n'ait pas reconnu le vieillard qu'elle voyait et entendait rire par la pensée ; elle aurait cru alors que c'était là pure inspiration.

Le poète ne serait-il pas souvent dans un cas semblable ? Un beau jour, la personne qui doit vivifier sa pensée, est là devant lui dans toute son individualité caractéristique. Elle peut lui rappeler ou non quelqu'un qu'il a connu. Mais aussitôt qu'elle est là, il la comprend comme n'importe quel autre des hommes qu'il rencontre. Elle est devenue une personnalité indépendante.

1. A. Binet, *F. de Curel*. L'Année psychologique, 1894, p. 158.

Comment naît dans l'âme d'un poète la première idée d'une œuvre? Cela varie extrêmement suivant les cas, et souvent, l'auteur lui-même ne le sait guère lorsqu'on l'interroge. Elle peut venir, cette idée, en état de veille, elle peut venir en rêve. Le romancier islandais Einar Hjörleifsson m'a raconté l'histoire de sa nouvelle, « Espérances » (*Vonir*). Son origine est différente de celle des autres œuvres du même auteur. Il était alors éditeur d'une feuille islandaise à Winnipeg, et le romancier, en lui, avait été longtemps stérile. Un jour, s'arrachant pour quelques moments à sa lourde besogne d'éditeur, il fait un somme. Il rêve la situation centrale de la nouvelle : un homme arrive à la gare des émigrants où il est mal accueilli de sa fiancée. Il s'éveille tout rempli de la pensée qu'il a le thème d'une nouvelle. Rien de semblable ne lui était venu à l'esprit avant de s'endormir. Mais ce thème ne lui laissait pas de repos, et il écrivit la nouvelle sur-le-champ, en l'espace de trois jours. Il croit que le héros (Ólafur) a, d'une façon ou d'une autre, son origine dans l'impression qu'avait faite sur lui un jeune homme, un de ses collaborateurs à cette époque. Ce dernier avait nom Ólafur, était un fort beau garçon, aux yeux bruns, incliné à la mélancolie. Mais l'héroïne (Helga) provient d'une jolie personne, que l'auteur avait vue, sans la connaître davantage, mais qui lui était très sympathique, et dont le caractère était sans doute bien différent de celui d'Helga. Le paysage dans lequel finit la nouvelle rend ce que l'auteur lui-même a vu en se promenant dans la *Prairie* le jour même où il acheva son œuvre.

Ce qu'il y a de caractéristique ici c'est que les personnes en qui l'auteur croit voir les prototypes de ses héros, n'ont en réalité que peu de ressemblance avec ces derniers. Il est d'opinion que ma conjecture est exacte : certains détails, les yeux d'Ólafur, par exemple, tels gestes ou telles mines, qu'il avait remarqués chez la jeune dame, ont été les germes d'où sont sortis les personnages de la nouvelle.

On a souvent observé combien est grand le rôle que jouent les souvenirs d'enfance dans les productions de bien des auteurs[1]. M. Jakob Knudsen a fortement insisté sur ce point en ce qui le concerne personnellement, et il en donne l'explication en rappelant combien l'enfant est tourné vers le dehors et réceptif à toutes les impressions du monde extérieur à travers tous les sens.

« Oui, l'enfant sait observer, dévorer les impressions avec ses yeux, son nez, sa bouche, ses oreilles, ses mains ; à cet âge, c'est bien comme si l'on se proposait de manger le monde entier, comme si l'on ne s'en pouvait jamais rassasier,

---

1. Cf. Dessoir, *Œuv. cit.*, p. 250.

et quelles impressions profondes ne font pas les choses ! quel élan dans la perception, quel sentiment des enchaînements vivants ! En général on regarde alors les hommes comme ils se regardent eux-mêmes..... C'est comme si l'enfant se demandait : qui est-ce que cette chose touche ? Qui l'a le plus à cœur ? — Bon ! elle me touche autant moi-même ! — L'enfant fait toujours l'enchère la plus haute dans toutes les ventes de cette sorte..... Et c'est précisément à cause de cette sympathie, de cette façon de se mettre au point de vue des autres que le monde d'observation de l'enfant est si riche et si varié[1]. »

Voilà qui touche au but. L'imitation involontaire qui est la base de cette « sympathie » de cette « façon de se mettre au point de vue des autres », est si profonde chez les enfants, parce qu'ils ne sont pas encore pétrifiés par les habitudes personnelles, ni remplis de préjugés ; et c'est pourquoi ils peuvent réagir sur les impressions, d'accord avec la nature propre de celles-ci ; c'est pourquoi l'être d'autrui peut laisser en eux des marques si profondes.

Les cordes de l'âme enfantine
Retiennent longtemps un accord. (Björstjerne Björnson).

Ces souvenirs d'enfance, lorsqu'ils reviennent, s'emparent ainsi de l'âme de l'auteur avec toute la force des impressions primitives : il écrit sous

2. Jakob Knudsen, *Noget om at digte*. Tilskueren, 1904, p. 512.

leur dictée. « Un homme a-t-il fait sur moi, dans mon enfance, une impression profonde », dit Jakob Knudsen, « fût-ce pour un temps très court ? — Je peux le dépeindre depuis le berceau jusqu'à la tombe, dans toutes les situations imaginables. Le temps que j'ai passé, par exemple, avec le gros agriculteur Kristen Faurholt (dans « Caractère ») ne dépasse pas 24 heures [1]. »

Mais un auteur peut parfois continuer toute sa vie d'être un enfant en ce qui concerne cette réceptivité, et s'en servir consciemment.

M. Karl Larsen dit : « J'ai recherché la société, des gens du monde et des gens simples, pris part à leurs actions, écouté leur conversation pendant des heures, avec la conscience nette que leurs façons de penser et de s'exprimer, tout leur être, passait au fur et à mesure dans ma tête, de sorte que je finissais par les *savoir* [2]. »

Comme tout poème et comme toute mélodie, chaque créature humaine semble avoir un *rythme personnel*. Tout comme une mélodie peut se conserver dans la mémoire sans le ton dans lequel on l'a entendue, sans les mots qui l'accompagnaient, tout comme on peut se rappeler le rythme d'un poème que l'on a entendu dire,

---

1. *Œuv. cit.*, même endroit.
2. Karl Larsen, *Comment je travaille*. Tilskueren, 1904, p. 35. Cf. les paroles de Gœthe à Eckermann : « Je sais une chose : si j'ai causé avec quelqu'un pendant un quart d'heure, je lui peux mettre dans la bouche un discours de deux heures. » Eckermann, *Gespräche mit Gœthe* (26 février 1824).

sans les mots ni le chant de la récitation[1], de même on semble pouvoir se souvenir d'un *rythme personnel* sans son contenu concret ; et tout comme, inversement, un rythme donné peut devenir le germe d'un nouveau poème ou d'une nouvelle mélodie, de même il semble qu'une individualité puisse sortir de la *forme* d'une certaine manifestation d'âme. Est individuelle toute manifestation qui peut à son tour engendrer une individualité.

D'où que puissent provenir les personnages, que l'origine en soit connue ou non à leurs créateurs, ces derniers ont souvent déclaré les voir et les entendre devant eux en les décrivant[2]. Le romancier islandais Gudmundur Magnússon (Jón Trausti) m'écrit : « Mes principaux héros me sont plus ou moins clairs dès le commencement. Les autres personnages ne se créent en réalité qu'au fur et à mesure que je les rencontre. Je vois chaque personnage devant moi et l'entends parler pendant que je le décris. Mais je n'ai pas conscience d'avoir copié un seul visage d'après un modèle que j'avais connu. Si cela m'est arrivé, c'est tout à fait inconsciemment. Les personnes que je décris me deviennent aussi connues et familières que celles que je fréquente le plus dans la vie journalière. »

---

1. Voir W. Peters, *Über die Ähnlichkeitsassociation*. Zeitschrift f. Psychologie u. Phys. der Sinnerorgane, vol. 56, p. 203.
2. Cf. Binet et Passy, *L'Année psychologique*, I (1894), p. 118.

J'ai demandé à Magnússon s'il se souvenait d'avoir vu tel de ses personnages prendre pour la première fois une forme définitive à un instant donné, dans une certaine situation ou au moment où il lui faisait dire une certaine réplique. Oui, très certainement ; et, tout de suite, plusieurs exemples à l'appui. Entre autres, celui d'un personnage secondaire d'un de ses romans. Au commencement, ce personnage n'avait pas encore de visage déterminé ; il en changeait fréquemment sous les yeux de l'auteur ; à un moment, dans une situation très particulière, il avança la tête et dit une réplique. Cela détermina la cristallisation. Magnússon vit ce personnage vivant devant lui, et parcourut alors de nouveau les passages où il est en scène, pour les harmoniser avec cette dernière apparition.

M. F. de Curel a décrit en détail ses méthodes de travail, et cette description est si riche en expériences caractéristiques, et témoigne d'une vision psychologique si perçante, que je dois m'y arrêter quelque temps.

Aussitôt que M. de Curel a l'idée d'une nouvelle pièce, il rédige un scénario qui est très sommaire en ce qui concerne les idées et les sentiments, mais où les événements sont minutieusement décrits. Après quoi, il se met à écrire. Cela va lentement et mal. Plus il réfléchit à ce qu'il a écrit, plus il est mécontent. Il devient nerveux, désespéré, furieux. Il peut rester de trois à dix jours dans cet état pénible. Mais un beau jour, en se mettant au travail, il a le sentiment que les choses iront bien s'il reprend tout dès le début. Il s'arrête alors, peut-être au milieu d'une phrase, et commence la première ligne de la pièce. Les personnages se sont formés en lui et se mettent à parler pour leur propre compte, et leur conversation, qu'il entend maintenant, est en désaccord complet avec les mots qu'il leur avait mis dans la bouche. Il leur cède la parole, et le nouveau manuscrit est presque exclusivement leur œuvre; c'est parfois comme s'il écrivait sous leur dictée. Il conserve pourtant envers eux une attitude critique et, dans certains cas, il lui arrive de faire des changements, soit parce que les personnages disent par hasard quelque chose qui entraînerait certaines transformations dans la marche générale de la pièce, soit parce qu'il trouve que leur façon de s'exprimer n'est pas assez juste, ou ne prépare pas assez bien ce qui doit suivre, soit encore parce que les personnages omettent de dire certaines choses qui lui semblent convenables. Ainsi donc, il leur met quelquefois ses propres paroles dans la bouche, mais à d'autres moments ce sont eux qui s'emparent de son idée et l'expriment de leur façon[1].

M. de Curel est certain que les personnages se forment en lui par la concentration de sa

---

1. Voir *L'Année psychologique*, 1894, p. 166

pensée, pendant plusieurs jours, sur le manuscrit primitif[1]. Et il se compare à l'acteur qui, en répétant les répliques d'une certaine façon et en effaçant ainsi sa propre personnalité[2], arrive à faire vivre en lui-même le personnage qu'il doit jouer. On doit donc supposer qu'il y avait dans le manuscrit primitif des répliques qui contenaient des germes, des répliques animées de l'esprit des personnages à naître.

Ainsi, tout semble tendre dans la même direction. Tout comme une mélodie se forme autour d'un motif, comme une plante sort d'une petite semence, ainsi dans l'âme de l'auteur une nouvelle personne naît de certains traits isolés, de certaines manifestations d'âme, qui portent en elles la loi intime de cette personne.

Aucune conception de la production littéraire ne saurait donc être plus fausse que celle qui consiste à croire que le poète copie tout simplement la réalité. Aucune œuvre littéraire n'est « vraie » dans ce sens. Ce que le poète nous montre, c'est un monde nouveau ; et les figures qu'il nous présente nous semblent vraies de même que chacune de leurs manifestations nous accommodent en vue de celles qui suivent.

Jusqu'ici je n'ai parlé que des personnages *humains* qui figurent dans les œuvres littéraires.

---

[1]. Œuv. cit., p. 135.
[2]. Œuv. cit., p. 141.

Mais, comme chacun sait, la création littéraire ne s'est jamais bornée à la description des seules créatures humaines. Les poètes peignent parfois des animaux, des plantes, des objets « inanimés », comme si c'étaient là des personnalités pensantes, sentantes et agissantes. C'est tout naturel en ce qui concerne les animaux. Leur extérieur et leurs mœurs ont souvent tant de ressemblance avec les nôtres, que de tout temps nous les avons involontairement considérées comme des parents plus ou moins proches, et notre « intelligence » immédiate de leur individualité est donc de la même nature que notre « intelligence » des autres hommes. Que les poètes fassent parfois parler les animaux comme s'ils étaient des hommes, cela est une suite toute naturelle de cette intelligence immédiate. Tout comme on croit quelquefois lire dans le regard, la mine, l'attitude de quelqu'un, ce qu'il va dire, à tel point qu'on le dit peut-être à sa place, ainsi faisons-nous avec les animaux. Les paroles que le poète leur met dans la bouche ne sont qu'une traduction, en langue humaine, de leurs manifestations d'âme immédiatement comprises.

Mais, d'après nos recherches précédentes, il devrait être clair que partout où une forme, une attitude, un mouvement, un son, éveillent une tendance aussi faible qu'elle soit à l'imitation, il y a possibilité de personnification. On peut voir sur un vieux mur décrépit, sur une paroi de roches, dans les nuages[1], toutes sortes d'images, des visages humains, des figures animales, dans lesquelles on trouve une mentalité fortement individualisée, et dont il n'est pas facile de trouver l'origine autre part que dans l'écho que ces formes trouvent en notre organisme ; de même, les formes, les mouvements et les sons les plus variés peuvent prendre une âme à nos yeux et à nos oreilles. La personnification qu'opère le poète, la vie qu'il nous montre dans les choses n'est pas une parure arbitrairement surajoutée, mais a ses racines profondes dans la sensibilité. Il nous donne ce qu'il *voit* et ce qu'il *entend*. « C'est insensé, dit Alexandre Kielland, comme ils dénichent partout toutes sortes d'allégories, ces critiques à initiales des journaux. La vérité, c'est que l'auteur inspiré n'entend pas seulement parler ses héros ; il entend aussi ses propres pensées dans l'orage et voit sa haine dans la neige morte ; ce mélange est, maintenant comme autrefois, le secret de la création littéraire[2]. »

Dans toute personnification véritable il y a un noyau de sensations directes, une perception de mentalité. De toutes les idées qui se groupent autour de ce noyau sont choisies celles que l'objet lui-même renforce. Ainsi croît l'image

---

1. Cf. Léonard de Vinci, *Das Buch von der Malerei*, éd. par Heinrich Ludwig. Vienne, 1882, § 66.
2. *Breve fra. Alexander L. Kielland*, Copenhague, 1907, II, p. 38.

jusqu'à ce qu'elle ait tiré de l'âme du poète toute la nourriture qu'elle est capable d'assimiler.

Le poète[1] qui dit :

> Et la rose inclinant sa tête qu'alourdit
> Le parfum....

voit le calice de cette fleur précisément comme une tête ; sa somnolence, comme celle d'un homme dont la tête tombe sur sa poitrine. Mais, une faible tendance à imiter l'attitude de la fleur sur la tige n'a-t-elle pas suggéré l'idée et le mot « tête », et par là, dirigé la pensée du poète vers la raison de cette attitude : « sa tête qu'alourdit le parfum ». Nous avons eu nous-mêmes la tête lourde d'un « lourd » parfum de fleurs. — Et lorsque

> Les Minarets montrent le ciel
> Dressés dans une foi de Turc[1],

notre compréhension de leur geste repose sur ce qu'ils nous font en quelque manière signe de tendre le doigt avec eux. Prenons encore ceci :

> Le vapeur hume l'air, puis avec volupté
> Plonge son flanc dans la vague glaciale ; (B. Björnson).

Le poète *entend* le navire humer l'air comme un être vivant, et *voit* dans ses mouvements la volupté du nageur à la fraîcheur vivifiante de la lame.

Que l'on lise par exemple les descriptions que donne Dickens de la bouilloire de Mrs Peery-

---

[1]. I. P. Jacobsen.

bingle au début du « Grillon du Foyer ». N'est-ce pas une personnalité marquée que nous y *voyons* et *entendons*? Ne comprend-on pas la vie mentale de cette bouilloire par son allure, son attitude et les sons qu'elle produit, et combien ne devait-elle pas être vivante pour Dickens lui-même qui l'a décrite ainsi? Et cependant, cette personnalité caractéristique est, et reste, la *bouilloire* qu'elle est.

Ou bien encore, prenons le paysage immortel par lequel débute « Arne » de Björnson. On sait d'où il provient[1]. Peut-on douter que le poète a *vu*, dans la bruyère, le genévrier, le sapin, le bouleau, tout ce qu'il décrit? Dans l'attitude, la forme, les mouvements, il a vu l'individualité de chacun, et les rend présents au lecteur, avec des personnalités aussi marquées que celles des hommes que l'on a longtemps connus, et cependant, ils ne cessent pas d'être la bruyère, le genévrier, le sapin, le bouleau. Aucun trait ne leur est étranger. Et en même temps résonne dans la conscience du lecteur, à la manière d'un accompagnement, l'histoire de toute une famille, de toute une nation, que dis-je, l'histoire de la vie elle-même.

C'est ainsi que l'homme peut entrer en contact vivant avec la nature ambiante jusqu'à croire entendre battre son cœur.

[1]. Voyez Collin : *Œuv. cit.*, II, p. 167.

XIV

CONCLUSION

Nous pouvons maintenant regarder en arrière et conclure. Nous avons commencé par montrer qu'il y a deux manières de considérer toute chose. D'abord, on peut la considérer abstraitement. En second lieu, on peut la considérer dans sa particularité individuelle. Cette dernière nous est donnée par une perception immédiate. Nous nous sommes alors aperçus qu'une telle perception éveille parfois en nous des tendances à l'imitation. Nous sommes passés ensuite à l'étude de l'imitation, telle en particulier qu'elle se produit lorsqu'on se livre à l'observation des hommes et de leurs actions, et sommes arrivés au résultat que la tendance à l'imitation est une tendance à reproduire les traits imités *dans leur particularité individuelle*. En ceci nous avons cru trouver la clef de notre « intelligence » de la vie mentale des autres à travers leur extérieur, leur mine, leurs mouvements, leurs attitudes, leurs inflexions de voix. Nous avons soutenu que l'état d'âme des autres semble être directement perceptible dans ses manifestations, en tant que celles-ci se peuvent imiter. C'est ce que nous avons dans la suite cherché à appuyer de différentes manières. Mais nous nous sommes aperçus que pour comprendre un autre à fond, il ne suffit pas de comprendre son état d'âme au moment donné, mais qu'il faut encore acquérir sa façon de voir les choses. Or, notre façon de voir les choses s'est trouvée dépendre de la manière dont nous sommes accommodés à leur égard. Alors, en tant que cette accommodation se produit par l'effet d'une réaction observable et imitable, semblait s'offrir la possibilité de franchir cette nouvelle étape. En imitant l'attitude d'un autre à l'égard d'un objet donné, on pourrait au moins approximativement acquérir sa façon de voir cet objet. Après nous être fait une idée claire de la nature de l'accommodation, et avoir pris égard aux expériences de gens qui s'appliquent à mimer les autres, il nous a semblé être de plus en plus en droit d'affirmer que nous pouvons, en réalité, comprendre l'individualité des autres au même degré qu'une imitation volontaire ou involontaire de leur manière d'être et d'agir fait passer leur individualité dans notre âme et notre corps, bref, nous accommode comme eux. Mais, une fois qu'ils sont passés en nous de cette façon, nous pouvons nous rendre compte de la manière dont ils penseraient, sentiraient et agiraient dans des situations variées, à condition qu'ils agissent d'accord avec le côté de leur nature qui est passé en nous. Cette « intelligence » ne saurait nous donner aucune *garantie* qu'ils agiront ainsi dans la réalité.

On croit souvent cependant comprendre des hommes que l'on n'a jamais vus ni entendus. Il nous a donc paru nécessaire d'étudier comment nous arrivons à comprendre l'individualité des autres à travers leurs œuvres, ou celles de leurs manifestations qui leur ont survécu ; nous sommes arrivés au résultat que cela réussit au même degré que les traces que l'individualité a laissées dans l'œuvre sont d'une nature telle qu'une reproduction de l'œuvre amènerait chez le reproducteur une accommodation bien déterminée. Par là, nous avons été conduits à rechercher comment on comprend les productions de l'esprit qui nous sont données par l'intermédiaire de symboles qu'il faut convertir en actions individualisées. Finalement, nous avons essayé de montrer que les personnages que nous décrivent les poètes (que ce soient des êtres humains, des animaux, des plantes, ou bien des choses mortes qu'ils animent), se sont le plus souvent créés dans leur âme par un processus semblable à celui par lequel nous comprenons l'individualité des autres en partant de certaines de leurs manifestations extérieures.

Il nous reste à indiquer très brièvement les rapports de l' « intelligence » dont il s'agit ici avec d'autres sortes d' « intelligence », notamment l' « intelligence » scientifique, et le rôle que la première joue dans la vie humaine.

Le criterium le plus général de toute « intelligence » me semble être le suivant : un fait, en surgissant, ne vient pas sans préparation. L'intelligible, c'est tout d'abord *le préparé*. Cela apparaît déjà dans la forme la plus simple de reconnaissance, la reconnaissance immédiate. La préparation se montre encore plus clairement dans la reconnaissance médiate, car ici l'idée de la chose à observer se présente bien avant cette chose elle-même. Mais comme Höffding l'a si bien dit : « Dans la reconnaissance médiate la plus simple, on décrit déjà l'arc qui va d'une observation à une autre en passant par une réflexion, et c'est en quoi consiste l'essence de toute méthode scientifique[1] ».

Si nous parcourons par la pensée nos analyses précédentes, nous trouverons que l' « intelligence » que nous y avons décrite consiste en ceci qu'à une observation originelle donnée, s'ajoute une réaction qui se présente comme son prolongement naturel, comme une action déterminée par la nature individuelle de la donnée. La donnée est, par exemple, un sourire caractéristique. Notre opinion était alors que l' « intelligence » parfaite de ce sourire consisterait à

1. Höffding, *Les problèmes de la pensée* (Paris, F. Alcan), p. 248 et suite.

suivre jusqu'au bout la tendance qu'il éveille en nous à sourire de la même façon. Aussitôt que cette tendance a eu libre cours, l' « intelligence » est complète. Nous disons de la même manière qu'un mot est compris dès que la tendance qu'il éveille à reproduire l'idée qui lui est attachée, se réalise et que l'idée est venue. Dans les deux cas, nous parlons d' « intelligence », et, dans les deux cas, la réaction est sentie comme quelque chose de préparé, bien que, dans le premier, nous ayons probablement à faire à des dispositions innées, tandis que dans le second, ce sont des dispositions acquises qui sont à la base de la réaction.

Mais, supposons qu'à celui qui sourit comme un autre, viennent des idées qui lui semblent ne pas être les siennes, mais précisément celles de la personne dont il imite le sourire. Il comprendrait alors que l'autre pensât ainsi, car ces pensées viennent comme le prolongement naturel du sourire imité : « Quand on sourit ainsi, on pense ainsi ». La pensée n'était donc là qu'un développement ultérieur du mouvement provoqué par le sourire caractéristique. Penser et agir comme nous le faisons lorsque nous suivons tout simplement nos dispositions habituelles, ou, en général, une tendance qui a la force de se réaliser complètement, il nous semble bien que cela est intelligible, et même, que cela va sans dire. Toute tendance est, pour celui qui la suit, couronnée d'un nimbe d'intelligibilité. Que peut-il y avoir de plus immédiatement intelligible que la tendance à éternuer, pour celui qui s'y donne de tout son cœur ? Il sent bien comment ceci prépare cela, et comment la réaction se justifie elle-même dès qu'elle se produit. A cet égard, le premier éternuement est sans doute aussi « intelligible » que le dernier.

Si l'intelligibilité dépend ainsi de ce fait que ce qui suit est senti comme préparé par ce qui précède, il est alors clair, d'un autre côté, que cette intelligibilité ne peut pas consister toujours dans la ressemblance entre ce qui précède et ce qui suit, car, aussitôt qu'une tendance s'est réalisée complètement, la possibilité de mouvements prolongés dans la même direction se trouve provisoirement épuisée, et c'est alors le tour d'autres tendances, souvent de celles précisément qui agissent à l'opposé de la dernière régnante. Celui qui sent la force gonfler tous ses muscles, trouve « évident » de continuer à se mouvoir. Mais dès qu'il est rendu, il trouve tout aussi évident d'abandonner la partie. L'état de repos résulte alors du mouvement, de la façon la plus évidente. Cette « rotation », avec passage d'un extrême à l'autre, peut alors, dans l'expérience immédiate, être ce qu'on peut s'imaginer de plus intelligible.

Or, comme nous comprenons nos propres actions et manières d'être de la façon ici décrite, nous comprenons également les actions et les manières d'être des autres, en faisant, à travers leurs manifestations, passer en nous-mêmes leurs tendances, et en les laissant se réaliser dans notre âme et dans notre corps.

En y regardant de plus près, l' « intelligence » de nous-mêmes et des autres dont il s'agit ici, se trouvera être l'expression des rapports entre les différentes fonctions. Le plus haut degré d'intelligibilité existerait là où toutes les tendances que l'objet éveille s'aideraient réciproquement à se réaliser.

L'exemple le plus frappant, c'est dans l'art que nous le trouvons. L' « unité dans la multiplicité », dont on parle tant comme le critérium d'une bonne œuvre d'art, consiste précisément en ceci, que chaque partie, chaque côté de l'œuvre, éveille des tendances coordonnées et aptes à se préparer mutuellement.

De ce qui précède, il devrait ressortir clairement que toute intelligence n'est pas une reconnaissance. C'est seulement ce qui se répète que l'on peut reconnaître. Mais celui qui, par exemple, tombe amoureux pour la première fois de sa vie, trouve tout naturel et tout évident d'aimer un être aussi ravissant. Il comprend son amour, bien qu'il ne le reconnaisse pas.

De même pour l' « intelligence » des autres. En faisant passer en soi leurs tendances au moyen de l'imitation, on peut arriver, ainsi que nous l'avons déjà vu, à des manières d'agir qui ne se seraient jamais produites d'elles-mêmes. L' « intelligence » des autres n'est donc pas, comme on l'affirme si souvent, uniquement basée sur le souvenir de nos propres expériences antérieures ; elle ne l'est, dans bien des cas, pas davantage que les vibrations du violon sous la main du virtuose ne sont des fantômes de ses vibrations antérieures.

Si nous comparons maintenant l' « intelligence » dont il s'agit ici avec l' « intelligence » logique ou scientifique, je crois que, tout compte fait, la différence se trouvera consister en ceci que la pensée logique ne progresse que par identité. Elle vise à trouver et à formuler des rapports que l'on peut considérer et traiter comme identiques et, par conséquent, substituer les uns aux autres. La pensée scientifique part donc de cette idée qu'il y a répétition, et sa marche consiste à découvrir de nouveaux faits et à mettre au jour des identités auparavant cachées. Son essence est donc, d'un bout à l'autre, la reconnaissance immédiate. Mais il est clair que son domaine ne dépasse pas les limites de l'identité ou de la répétition dans l'univers.

C'est comme si l'homme avait deux problèmes à résoudre : le premier, de *vivre*, le second, de *vivre d'une vie aussi riche que possible*. D'abord, le souci de la conservation. La connaissance abstraite qui trouve son expression la plus complète dans les sciences, s'est créée comme moyen au service de la conservation. Les sciences ne s'occupent de l'individuel qu'autant que, par certains côtés, on le peut considérer et traiter d'un point de vue abstrait. Mais une individualité, dans sa particularité, se doit prendre et percevoir directement, ainsi que nous l'avons déjà montré. On peut souvent, il est vrai, en prenant la science pour guide, déterminer avec grande approximation les limites dans lesquelles une individualité donnée pourra se mouvoir; prévoir, par exemple, dans quelle direction un homme agira dans une situation donnée, mais la forme ou la nuance individuelle des actions, voilà ce sur quoi on n'aura jamais prise en procédant ainsi. Du point de vue utilitaire, la prévision de la nuance individuelle d'une expression ou d'une action est d'ailleurs sans intérêt. Celui qui tente d'entraîner un autre dans une affaire financière ne s'occupe pas de calculer si son « oui » sonnera de telle ou telle façon, mais tout simplement, s'il dira vraisemblablement oui. Une signature au bas d'un contrat a la même valeur, de quelque humeur qu'elle y ait été écrite. Plus nous regardons les hommes et les choses du point de vue utilitaire, moins nous nous soucions de leur particularité individuelle. Et notre prévision des actions d'autrui repose alors en général sur un aperçu du nombre de fois qu'ils ont agi d'une façon ou de l'autre,

Mais, comme j'espère l'avoir indiqué assez clairement, il nous arrive à certains moments de quitter cette attitude utilitaire envers les choses, et d'être ainsi amenés à les considérer dans leur particularité individuelle. On peut par là, comme je l'ai montré, partager apparemment leur vie, et ainsi, arriver précisément à résoudre le second problème principal, celui de vivre d'une vie aussi *riche* que possible. En devenant un instrument dans lequel la vie qui s'agite autour de nous peut résonner dans sa multiplicité, notre propre vie acquiert une richesse qui surpasse de beaucoup ce que nos seuls moyens auraient pu produire. Et précisément en faisant passer en soi la vie des autres, on se rend meilleur compte de la sienne propre. On se comprend soi-même le mieux par opposition aux autres. Et inversement, celui qui, lui-même doué d'une personnalité marquée, possède la faculté de faire passer les autres en soi, les comprend le mieux[1]. Or, l'on acquiert autant d'espèces d'yeux pour voir l'univers, que l'on a compris d'individualités de cette façon. En outre, c'est alors seulement qu'on devient vraiment capable d'aider les

---

[1]. Cf. : « Un peintre qui a sur son art des connaissances historiques xtrêmement étendues a dit que des portraits très individuels ne peuvent être créés que par des artistes qui, dans leur art, sont eux-mêmes des individualités fortes et possèdent une technique toute personnelle. Et, de même, seuls les historiens qui ont eux-mêmes des caractères bien prononcés, semblent pouvoir saisir à fond et dépeindre les personnages historiques. » Simmel, *Die Probleme der Geschichtsphilosophie* 3 Aufl. Leipzig, 1907, p. 61.

autres dans leur développement, les comprenant dans leur particularité et voyant leur situation de leurs propres yeux, en même temps que, spectateur impartial, on peut tirer avantage d'une vue plus libre de la question. Ajoutons encore, que cette façon de comprendre les autres est une gymnastique mentale qui nous donne une souplesse et une perspicacité capables de nous rendre plus aptes à vivre et à réagir d'une façon de plus en plus appropriée sur l'ambiance. En sortant de temps en temps de notre rythme personnel, et en prenant l'allure d'autrui, nos muscles apprennent à s'adapter, par quoi nos propres mouvements gagnent en élégance et en souplesse.

Comme nous avons vu, cette intelligence des autres peut souvent ressembler à une composition musicale sur un motif donné. Mais, dans certaines âmes, le motif reçu d'une autre personnalité peut devenir le germe d'une composition qui dépasse de beaucoup ce que le possesseur originel en aurait pu tirer par ses propres forces. Si l'on trouve dans la conscience d'un autre une telle édition améliorée de soi-même, elle est capable, peut-être, de devenir un modèle que l'on s'efforce de copier dans la vie, et que l'on arrive ainsi à réaliser. C'est quelquefois après avoir passé à travers l'âme d'un autre qu'on se trouve soi-même, qu'on découvre la vraie vocation de son âme. « Où étais-je moi-même, tout entier, le vrai moi-même? Où est-ce que j'avais le sceau de Dieu au front? » demande Peer Gynt. Et Solveig répond : « Dans ma foi, dans mon espoir et dans mon amour. » —

Un mot seulement pour conclure. Quel nom faut-il maintenant donner à l'« intelligence » que ce livre a analysée ? Je l'appelle :

L'Intelligence Sympathique.

TABLE DES MATIÈRES

I. — *Deux points de vue.* 1

Les besoins différents déterminent le jour sous lequel les êtres vivants voient l'ambiance. — Point de vue utilitaire étroit. — La science. — Exemple d'un autre point de vue.

II. — *L'imitation involontaire. — Quelques exemples..* 8

L'individuel doit être perçu directement. — La vue d'une forme peut éveiller des tendances imitatrices. — Le sourire, le rire, le bâillement, le clignement d'yeux sont contagieux. — Grimaces et autres mouvements. — Imitation des attitudes. — Imitations des impressions auditives. — Imitation sous l'hypnose.

III. — *La nature et les conditions de l'imitation.* 18

L'imitation ne s'explique pas encore physiologiquement. — L'analyse psychologique, notre seule ressource. — L'impression agit-elle dans sa particularité? Comment se produit l'imitation involontaire? — La doctrine courante de la production des mouvements volontaires. — Sa critique. — L'impression semble agir dans sa particularité. — La particularité n'est pas toujours apparente dans l'imitation. — Influence des impressions visuelles sur l'origine et le développement des sons du langage. — Une forme éveille des tendances à l'imitation pour son propre compte. — Deux façons d'imiter une forme donnée. — Les impressions visuelles et auditives sont-elles privilégiées? — Les images remémorées peuvent éveiller les mêmes tendances imitatrices que les impressions originales. — L'organisme humain est apparemment en relations réciproques avec deux mondes. — Réponse à certaines objections. — L'imitation d'un trait ou d'une fonction isolés tendent à transformer l'état du corps entier. — « On devient ce qu'on voit. »

IV. — *Imitation et suggestion*.   47

Délimitation du concept imitation. — Confrontation de quelques exemples de suggestion.

V. — *L'intelligence de l'expression des sentiments.* 55

Coup d'œil rétrospectif et position du problème. — L'expression d'un visage peut signifier certains actes qui la suivent habituellement. Un exemple tiré de Fechner. — Sens objectif d'une expression. — Perception du contenu mental d'une expression. — Objections. — « Moi » et « Toi ». — Nous semblons comprendre l'état d'âme d'un autre dans la même mesure que nous sommes capables d'imiter sa façon d'être. — Pour être fugitive, la compréhension peut néanmoins être juste. — D'où vient le contenu mental de l'expression? — Comment l'expression d'un individu peut gagner le visage d'un autre. — On devient étranger à soi-même.

VI. — *L'authenticité de l'expression.*   75

Notre croyance immédiate à l'expression. — L'expression fausse, sur quoi elle repose. — L'harmonie, criterium de l'expression authentique. — En quoi consiste l'harmonie. — Causes de l'expression fausse. — L'authentique est d'un seul morceau.

VII. — *Perception et réaction.*   83

On ne comprend un autre à fond que lorsqu'on acquiert sa façon de voir les choses. — On ne comprend pas les autres en s'imaginant seulement dans leur situation. — Nous pouvons distinguer entre les impressions et nos réactions sur elles. — Qu'est ce qu'un état émotif? — Deux façons de considérer le rapport entre l'impression et la réaction. — La réaction primaire. — Réaction sur un objet en conséquence des idées qui s'y rattachent. — Un concept est comme le point où des courants différents tombent dans un lit commun. — Quelles perceptions et quelles idées sont dans les meilleures conditions pour arriver à la conscience en même temps qu'une réaction donnée? — Une réaction tend à opérer un choix parmi nos possibilités de perception et de représentation. — Comment notre état émotif agit-il sur notre vue des choses? — Notre perception de ce qui est objectivement donné est déterminée dans une grande mesure par les idées présentes. — Pourquoi un état émotif altère-t-il le cours de nos idées d'une certaine façon? — Petite excursion dans le domaine de la physiologie. — Force nous est de nous en tenir aux faits. — Action réciproque entre l'état émotif et le cours des idées. — Le rythme. — Influence des mouvements rythmiques sur le cours des idées. — Influence d'autres mouvements.

VIII. — *Accommodation*.. 125

En imitant l'attitude d'un autre envers un objet, on s'accommode d'une façon semblable à la sienne et l'on obtient ainsi approximativement la même vue de l'objet. — La marque de la personnalité. — La personnalité peut être donnée implicitement dans une expression isolée. — Comment des sabots font de vous un autre homme. — Rapidité de l'accommodation. — L'accommodation est une adaptation momentanée de l'organisme à une tâche donnée. — Chaque fonction qui devient prépondérante s'accompagne d'une attitude caractéristique. — Comment la manière d'être toute entière d'un individu peut se régler sur les mouvements ambulatoires. — L'histoire confirme notre point de vue. — La durée des accommodations est extrêmement variable. — « Donner le ton. »

IX. — *Le mime*. 141

Coup d'œil rétrospectif. — Connaissance créatrice de l'être d'autrui. — On n'a pas fait assez attention à la valeur de l'imitation comme moyen de connaissance. — Campanella. — Fechner. — Les mimes. — Estcourt. — Examen de la psychologie des mimes. — Pourquoi mime-t-on? Comment le mime s'y prend pour remplir sa tâche. — Le mime réussit parfois au premier essai. — Il lui faut quelquefois s'exercer. — La physionomie et l'attitude se règlent-elles sur la voix et inversement? — Le mime se sent plus ou moins pénétré de la manière de penser et de sentir de son modèle. — Différence entre le mime reproducteur et le mime créateur. — Comment le mime s'y prend pour rendre un autre dans des situations nouvelles. — Comment le mime sait-il qu'il a réussi? — Comprend-on mieux ceux que l'on mime ?

X. — « *Je ne comprends pas...* ». 162

Parmi les expressions corporelles des états d'âmes, celles qui ne se peuvent pas imiter, ne se comprennent pas immédiatement. — « Je ne comprends pas... » signifie souvent : « Je ne peux pas réagir de cette façon ». — Toute fonction qui se peut imiter volontairement ou involontairement est en soi « intelligible ». — Ce qui entrave l'imitation, entrave l' « intelligence. »

XI. — *L'intelligence de la musique.* 168

L'état du chanteur. — Les auditeurs. — La compréhension d'une mélodie comparée à celle d'un poème. — La musique, « l'art de penser avec des sons ». — Compréhension de la forme d'un poème. — La nuance émotive d'une mélodie. — La musique peut-elle exprimer des sentiments et des émotions déterminés? — Musique pour un texte donné. — Les idées que la musique éveille. — Un morceau de musique doit-il avoir un titre? — Peintures harmoniques.

XII. — *L'individualité dans l'œuvre.* 182

Notre compréhension de ceux que nous n'avons ni entendus ni vus. — Du sacrificateur et du lévite. — Les traces que les hommes ont laissées dans leurs œuvres peuvent être plus ou moins personnelles. — Comment y découvre-t-on l'individualité? — La peinture. — L'écriture. — L'architecture. — Les mathématiques, impersonnelles. — « Nous connaissons en partie ». — Compréhension de symboles qu'il faut convertir en actions individualisées. — Le musicien, le déclamateur, l'acteur.

XIII. — *Personnages littéraires.* 207

La compréhension d'autrui d'après des expressions isolées, apparentée à la compréhension d'un motif musical. — Le don poétique de créer des personnages. — Les possibilités qui gisaient dans le poète lui-même. — Traitement poétique des personnages historiques. — L'auteur commence parfois par une situation abstraite. — Comment germe la première idée d'une œuvre littéraire. — Jakob Knudsen sur les souvenirs d'enfance. — D'une expression isolée semble pouvoir résulter dans l'âme du poète une nouvelle personnalité. — Jón Trausti. — F. de Curel. — Personnification.

XIV. — *Conclusion.* 228

Coup d'œil rétrospectif. — Comparaison de l' « intelligence » dont il s'agit ici avec d'autres genres d' « intelligence ». — Son rôle dans la vie humaine.

CHARTRES. — IMPRIMERIE DURAND, RUE FULBERT.

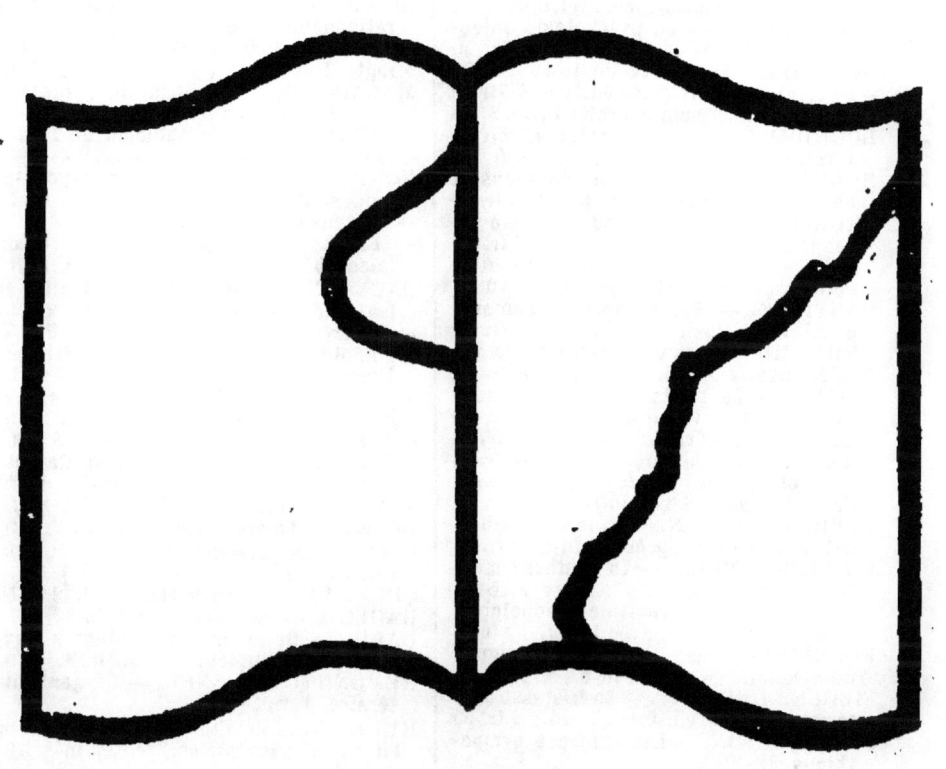

Texte détérioré — reliure défectueuse
NF Z 43-120-11

LIBRAIRIE FÉLIX ALCAN, 108, boulevard Saint-Germain, Paris, 6e.

Extrait du Catalogue.

PSYCHOLOGIE GÉNÉRALE

BAZAILLAS. — La vie personnelle. In-8. 5 fr.
— Musique et inconscience. 1 vol. in-8. 5 fr.
BECHTEREW. — La psychologie objective. 1 vol. in-8 . . . . . 7 fr. 50
BERGSON. — **Le rire.** 12e éd. In-16. 2 fr. 50
— L'évolution créatrice. 15e éd. 1 v. in-8. 7 fr. 50
BOS. — Pessim., Fémin., Moralis. 2e 2,50
BOURDEAU. — La philosophie affective. 1 vol. in-16 . . . . . . 2 fr. 50
BOURDON. — De l'expr. des émotions et des tendances dans le lang. In-8. 7 fr. 50
BRUNSCHVICG. — Introd. à la vie de l'esprit. 3e édit. 1 vol. in-16 . 2 fr. 50
CLAY. — L'alternative. *Contrib. à l'étude de la psychol.* 2e éd. 1 vol. in-8. 10 fr.
DANVILLE. — Psychologie de l'amour. 5e éd. 1 vol. in-16 . . . . 2 fr. 50
DROMARD. — Les mensonges de la vie intérieure. 1 vol. in-16 . . . 2 fr. 50
DUGAS. — Le psittacisme et la pensée symbolique. 1 vol. in-16 . . 2 fr. 50
— Psychologie du rire. 2e éd. In-16. 2 fr. 50
— La timidité. 6e éd. aug. 1 v. in-16. 2 fr. 50
— L'absolu, *forme pathologique et normale des sentiments.* 1 vol. in-16 . . 2 fr. 50
DUPRÉ et NATHAN. — Le langage musical. Et. médico-psycholog. In-8. 3 fr. 75
DWELSHAUVERS. — La synthèse mentale. 1 vol. in-8 . . . . . 5 fr.
EBBINGHAUS. — Précis de psychologie. 2e édit. 1 vol. in-8, avec 16 fig. . 5 fr.
FERRERO. — Les lois psychologiques du symbolisme. 1 vol. in-8 . . 5 fr.
FIERENS-GEVAERT. — La tristesse contemporaine. 5e éd. 1 vol. in-16. 2 fr. 50
FINNBOGASON. — L'intelligence sympathique. In-16 . . . . . 2 fr. 50
FOUILLÉE, de l'Inst. — L'évolutionnisme des idées-forces. 5e éd. 1 v. in-8. 7 fr. 50
— La psychologie des idées-forces. 3e édit. in-8. 2 vol. . . . . . 15 fr.
— Tempér. et caract., selon les indiv., les sexes et les races. 4e éd. In-8. 7 fr. 50
— Psychologie du peuple français. 4e édit. 1 vol. in-8 . . . . . 7 fr. 50
— Esquisse psychologique des peuples européens. 4e édit. 1 vol. in-8 . . 10 fr.
GELEY. — L'être subconscient. 3e édit. 1 vol. in-16 . . . . . . 2 fr. 50
GÉRARD-VARET. — L'ignorance et l'irréflexion. 1 vol. in-8 . . . 5 fr.
GRASSET. — Introd. physiologique à l'étude de la philos. 2e éd. In-8. 5 fr.
GROOS. — Les jeux des animaux. In-8. 7 fr. 50
JASTROW. — La subsconscience. 1 vol. in-8 . . . . 7 fr. 50
JOUSSAIN. — Le fondement psychologique de la morale. 1 vol. in-16. 2 fr. 50
LACOMBE. — Psychol. des indiv. et des sociétés chez Taine. 1 vol. in-8. 7 fr. 50
LE BON (Dr G.). — Les lois psychol. de l'évol. des peuples. 11e éd. 1 v. in-16. 2 fr. 50
— Psychol. des foules. 18e éd. In-16. 2 fr. 50

LEROY. — Le langage. 1 vol. in-8. 5 fr.
LUBAC. — Esquisse d'une psychologie rationnelle. 1 vol. in-8. . . 3 fr. 75
LUQUET. — Idées générales de psychologie. 1 vol. in-8 . . . . 5 fr.
MALAPERT. — Les élém. du caract. et leurs lois de combin. 2e éd. In-8. 5 fr.
MARTIN (E.). — Psychologie de la volonté. 1 vol. in-16 . . . . 2 fr. 50
NORDAU (Max). — Paradoxes psychologiques. 7e éd. 1 vol. in-16 . 2 fr. 50
— Le sens de l'histoire. 1 v. in-8. 7 fr. 50
— Psycho-physiologie du génie et du talent. 5e éd. 1 vol. in-16 . 2 fr. 50
PAULHAN. — Les phén. affectifs et les lois de leur appar. 2e éd. In-16. 2 fr. 50
— Psych. de l'invent. 2e éd. in-16. 2 fr. 50
— Analystes et esprits synthétiques. 1 vol. in-16 . . . . . . 2 fr. 50
— La fonction de la mémoire et le souvenir affectif. 1 vol. in-16 . 2 fr. 50
— Les mensonges du caract. 1 v. in-8. 5 fr.
— L'activité mentale et les élém. de l'esprit. 2e édit. revue. 1 vol. in-8. 7 fr.
— Les caractères. 3e édit. 1 vol. in-16. 2 fr. 50
PAYOT. — La croyance. 3e éd. In-8. 5 fr.
PIAT. — La personne humaine. 2e édit. rev. et aug. 1 vol. in-8 . . 7 fr. 50
QUEYRAT. — La curiosité. In-16. 2 fr. 50
RAGEOT. — Le succès. 1 vol. in-8. 5 fr.
RAUH. — De la méthode dans la psychol. des sentiments. 1 vol. in-8. 5 fr.
REMOND et VOIVENEL. — Le génie littéraire. 1 vol. in-8 . . . 5 fr.
RIBOT (Th.), de l'Institut. — **Essai sur l'imagination créatrice.** 3e éd. 1 v. in-8. 5 fr.
— L'évol. des id. génér. 3e éd. 1 v. in-8. 5 fr.
— Essai sur les passions. 3e éd. In-8. 3 fr. 75
— Probl. de psychol. affect. In-16. 2 fr. 50
— La psychologie des sentiments. 8e éd. 1 vol. in-8 . . . . . 7 fr. 50
— La logique des sentim. 4e éd. In-8. 3 fr. 75
— La vie inconsciente et les mouvements. 3e édit. 1 vol. in-16 . . 2 fr. 50
RICHET. — Essai de psychologie générale. 9e édit. 1 vol. in-16 . . 2 fr. 50
ROMANES. — L'évolution mentale chez l'homme. 1 vol. in-8 . . . 7 fr. 50
RUYSSEN. — Essai sur l'évolution psychologique du jugement. In-8. 5 fr.
SAINT-PAUL. — Le langage intérieur et les paraphasies. 1 vol. in-8. 5 fr.
SEGOND. — La prière. 1 v. in-8. 7 fr. 50
SOLLIER. — Essai crit. et théor. sur l'assoc. en psychol. 1 vol. in-8. 2 fr. 50
— Le doute. 1 vol. in-8 . . . . . 7 fr. 50
SPENCER (H.). — Principes de psychologie. Nouv. édit. 2 vol. in-8. 20 fr.
SULLY. — Essai sur le rire. In-8. 7 fr. 50
TARDE. — Les lois de l'imit. 6e éd. In-8. 7 fr.
TARDIEU. — L'ennui. 2e éd. 1 v. in-8. 5 fr.
TASSY. — Le travail d'idéation. In-8. 5 fr.

www.ingramcontent.com/pod-product-compliance
Lightning Source LLC
Chambersburg PA
CBHW070634170426
43200CB00010B/2015